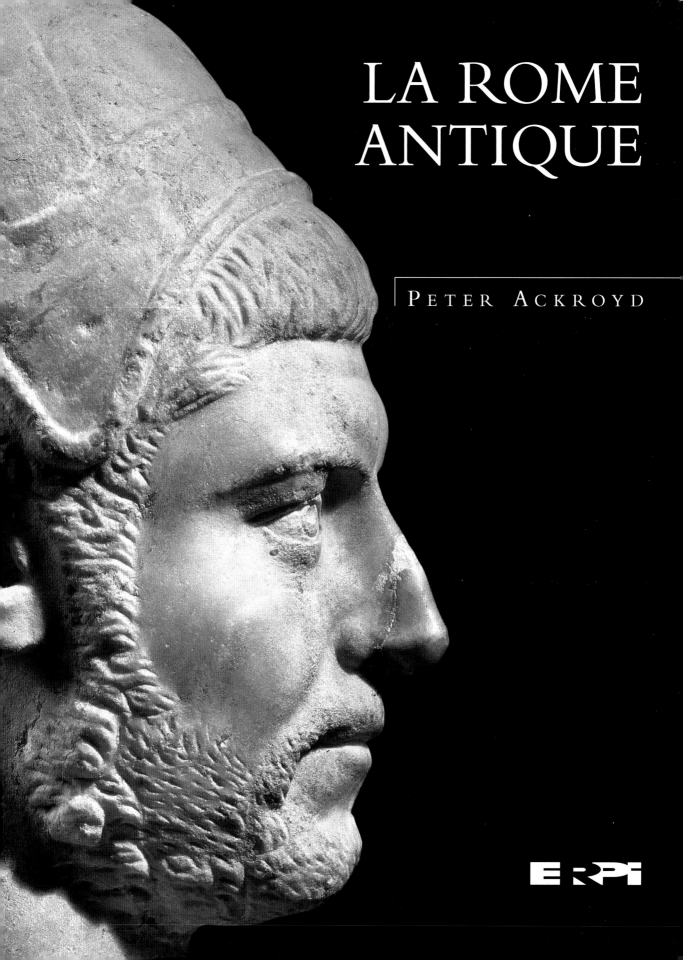

LA ROME ANTIQUE

P E T E R A C K R O Y D

ERPi

Un livre Dorling Kindersley
www.dk.com

L'édition originale de ce titre est parue
sous le titre *Peter Ackroyd*
Voyages Through Time : Ancient Rome

Copyright © 2005 Dorling Kindersley
Ltd, Londres
Copyright du texte © Peter Ackroyd

Édition française
Copyright © 2006 La Mascara
(Société du groupe Tournon)

Traduit de l'anglais par
Arnaud Regnauld de la Soudière

Édition revue par Sandra Pizzo

Édition française au Canada
Copyright © 2006 ERPI

5757, RUE CYPIHOT
SAINT-LAURENT (QUÉBEC)
H4S 1R3

www.erpi.com/documentaire

Dépôt légal - Bibliothèque et Archives
nationales du Québec, 2006
Dépôt légal - Bibliothèque et Archives
Canada, 2006

ISBN 2-7613-2178-2
K 21782

Imprimé en Chine
Édition vendue exclusivement
au Canada

Sommaire

Voici l'histoire d'un groupement de villages qui donna naissance à la plus grande puissance de son époque.

À l'origine, Rome n'était qu'une petite ville gouvernée par des rois. Elle devint une république qui élisait ses propres dirigeants, puis une capitale impériale qui domina la majeure partie du monde connu – ce que personne n'avait réussi depuis le Grec Alexandre le Grand. Son histoire est marquée par l'ambition, qui lui apporta grandeur et puissance. Au fil du temps, cette grandeur fut affaiblie par le goût des Romains pour la richesse et le luxe. Rome se mit alors à décliner. Les premiers citoyens étaient des fermiers et des soldats travailleurs mais, sous l'Empire, nombreux furent ceux à avoir cédé à la paresse.

Rome domina d'abord l'Italie. Puis elle partit à la conquête d'un vaste empire qui s'étendait de la Méditerranée à la Britannia (l'Angleterre actuelle) et à l'Asie Mineure (la Turquie actuelle). Il allait jusqu'au

Portugal à l'ouest et jusqu'à la Syrie à l'est, des basses terres d'Écosse au
nord à l'Égypte au sud. Il rassemblait au moins trente pays de l'actuelle
Europe, du Moyen-Orient et de l'Afrique du Nord. L'Europe était alors
unifiée comme elle ne le serait plus jamais dans son histoire, même au
XXIe siècle, avec une seule langue officielle et une seule monnaie. Les
Romains enseignèrent au monde les vertus de la tolérance religieuse
comme les avantages de la vie citadine, de l'ordre et de la paix. Ils faisaient
certes régner l'ordre grâce à leur puissance militaire, mais nous verrons
quels en étaient les nombreux avantages.

Rome s'effondra il y a plus de mille cinq cents ans, mais elle nous a laissé
un héritage riche. Nombreux sont les monuments et les routes qui ont
survécu. On enseigne encore le latin dans le monde entier. Les écrivains
et les orateurs de la République inspirèrent les dirigeants des révolutions
française et américaine. L'Empire britannique prit pour modèle l'Empire
romain. Voici comment il contribua à façonner le monde tel que nous
le connaissons aujourd'hui.

CHAPITRE PREMIER

Le temps *des* rois

À l'origine, il ne s'agissait que d'une petite colonie sur les berges du Tibre, en Italie, qui grandit jusqu'à devenir l'un des plus puissants empires que le monde ait jamais connu. La ville de Rome, l'une des plus belles de l'Antiquité, en était le centre névralgique.

Rome fut construite sur sept collines ; le mont Palatin et le Capitole sont les plus imposantes. Le site de la ville fut implanté près d'un guet sur le fleuve. C'était un endroit idéal : la zone était fertile, et le Tibre servait de vecteur aux échanges et au commerce.

Avant que Rome ne prenne le pouvoir sur tout le pays, l'Italie était peuplée de différentes tribus, comme les Sabins ou les Samnites. La région qui entourait la ville portait le nom de Latium, et ses habitants s'appelaient les Latins. Ils étaient bergers ou fermiers et vivaient dans de

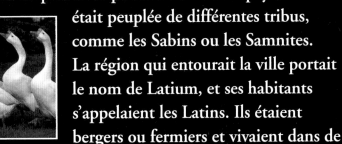

petits villages sur les collines environnantes. Le sud de l'Italie était dominé par les Grecs, qui y avaient établi des colonies dès 750 avant JC. Au nord, il y avait l'Étrurie, où était installé depuis le IXe siècle avant JC le peuple des Étrusques. Ils avaient développé une civilisation prospère fondée sur le commerce et l'agriculture. Ils vivaient dans de puissantes cités-États.

◀ Porteur de vin étrusque à un banquet

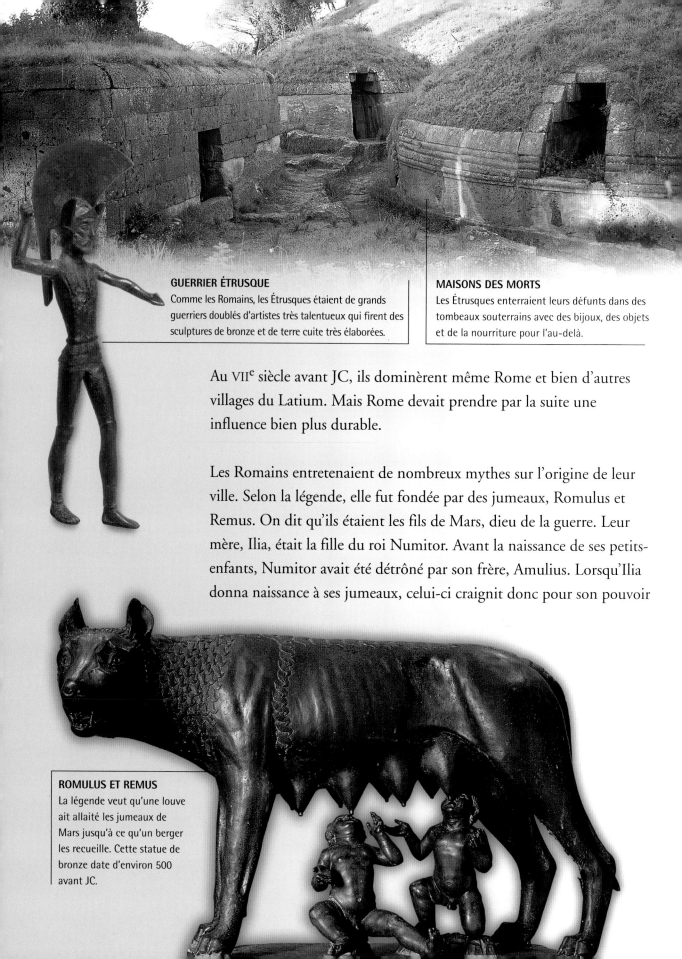

GUERRIER ÉTRUSQUE

Comme les Romains, les Étrusques étaient de grands guerriers doublés d'artistes très talentueux qui firent des sculptures de bronze et de terre cuite très élaborées.

MAISONS DES MORTS

Les Étrusques enterraient leurs défunts dans des tombeaux souterrains avec des bijoux, des objets et de la nourriture pour l'au-delà.

Au VIIe siècle avant JC, ils dominèrent même Rome et bien d'autres villages du Latium. Mais Rome devait prendre par la suite une influence bien plus durable.

Les Romains entretenaient de nombreux mythes sur l'origine de leur ville. Selon la légende, elle fut fondée par des jumeaux, Romulus et Remus. On dit qu'ils étaient les fils de Mars, dieu de la guerre. Leur mère, Ilia, était la fille du roi Numitor. Avant la naissance de ses petits-enfants, Numitor avait été détrôné par son frère, Amulius. Lorsqu'Ilia donna naissance à ses jumeaux, celui-ci craignit donc pour son pouvoir

ROMULUS ET REMUS

La légende veut qu'une louve ait allaité les jumeaux de Mars jusqu'à ce qu'un berger les recueille. Cette statue de bronze date d'environ 500 avant JC.

et ordonna qu'on les noie dans le Tibre. Mais, au lieu de cela, on les abandonna dans la forêt pour que les bêtes sauvages les dévorent. Et, contre toute attente, ils survécurent… Lorsque Romulus et Remus furent adultes, ils décidèrent de fonder une cité sur les collines boisées du Latium. Mais ils n'étaient pas d'accord sur les limites à lui donner et, lors d'une violente dispute, Romulus tua Remus d'un coup à la tête. Il devint donc le premier roi de Rome – et c'est pourquoi la ville porte son nom.

Par la suite, lorsque la cité fut devenue la plus grande puissance du monde, les Romains se mirent à croire que cette grandeur avait toujours été son destin. On commença à écrire son histoire. En 29 avant JC, Tite-Live rassembla les mythes et les légendes qui s'étaient transmis de génération en génération. Selon lui, Rome était née le 21 avril 753 avant JC. Il est possible que ce ne soit pas si loin de la réalité : il semble qu'au cours du VIIe siècle avant JC quelques villages, qui s'étaient étendus au pied des sept collines, se soient rassemblés pour former une seule ville. Avec le temps, les simples cabanes en bois des premiers habitants cédèrent le pas à des bâtiments de briques à l'intérieur d'un mur défensif et d'une limite sacrée, le *pomerium*. À la fin du VIe siècle avant JC, on avait érigé des bâtiments publics et privés plus imposants et on avait asséché les marais qui se trouvaient dans l'enceinte de la ville pour obtenir de meilleures terres.

On s'accorde généralement à dire que les premiers dirigeants furent des rois. D'après les livres d'histoire, ils étaient sept – mais il se peut qu'on ait choisi ce chiffre à cause des sept collines de Rome. Le roi était responsable des cérémonies religieuses de la ville. Il faisait la paix ou déclarait la guerre aux autres villes de la région. Il faisait également la loi. Il portait une toge (une cape pourpre) et se déplaçait dans un char d'ivoire. Ses serviteurs portaient le *fasces* (un fagot de bâtons attaché

VILLE MURÉE
Cette peinture médiévale représente la petite ville de Viterbo, qui se trouve sur le site d'une ancienne colonie étrusque dans le Latium. Rome à ses débuts lui aurait ressemblé.

COURONNE DE GLOIRE
Les Romains en vinrent à mépriser les premiers rois, et aucun de leurs portraits n'a subsisté. Comme symbole de leur pouvoir, ils portaient un diadème semblable à celui de ce prêtre égyptien.

SYMBOLE PÉRENNE
Les *fasces* devinrent le symbole de Rome. Sur cet insigne, on voit les initiales SPQR : « Le Sénat et le peuple de Rome. »

Au temps des rois, Rome fut embellie. Au centre de la ville, le forum fut pavé, et l'on construisit des bâtiments publics et des temples tout autour. On érigea sur le Capitole un grand sanctuaire dédié à Jupiter. Dieu du ciel, il était la principale divinité de l'État romain ; construit au sommet de la colline, son temple devint le plus sacré de la ville.

Les rois régnèrent sur Rome pendant plus de deux cents ans. Ils étaient choisis et conseillés par un corps influent composé de *senes* (anciens), tous membres de riches familles aristocratiques. On désignait ces familles comme les *patricii*, les patriciens. Tous ceux qui n'en faisaient pas partie appartenaient à la plèbe. Cette division sociale aurait plus tard de profondes répercussions sur l'histoire de l'Empire. Correspondant à peu près à cette époque, on trouve à Rome de nombreux signes de l'influence étrusque. En Étrurie, l'architecture, le commerce et l'écriture s'étaient développés. Les Étrusques avaient adopté l'alphabet grec et l'avaient transmis aux Romains. Ils avaient

TEMPLE DE JUPITER
Les Romains désignaient Jupiter comme l'Optimus *Maximus*, soit « le plus grand et le meilleur ». Ci-contre, son temple, au IIe siècle avant JC.

également noué des liens commerciaux durables avec les colonies grecques ainsi qu'avec Carthage, une riche cité située sur la côte nord-africaine. De nombreux historiens pensent même que certains rois de Rome furent d'origine étrusque ; il est par exemple possible que le dernier d'entre eux, Tarquinius Superbus, ou « Tarquin le Fier », l'ait été. On dit qu'il fut un tyran cruel honni du peuple. D'ailleurs, lors d'un soulèvement, en 509 avant JC, les Romains l'expulsèrent, lui et sa famille. Peu après son départ, Rome devint une république indépendante. Et, à partir de cette époque, la ville détesta ce titre de roi.

Après la fuite de Tarquin, les Romains établirent donc un nouveau système de gouvernement : la république. Ce mot vient du latin *respublica* et signifie littéralement « affaires publiques ». Dans la République romaine, c'est le Sénat, ou conseil des anciens, qui auparavant conseillait le roi, qui détenait le pouvoir. Les patriciens avaient expulsé le dernier roi car ils ne supportaient pas l'idée qu'un seul homme puisse détenir autant de puissance et d'argent.

FIERTE FAMILIALE
Les riches patriciens tiraient fierté de leur histoire familiale. Ce Romain républicain porte les bustes de deux de ses ancêtres.

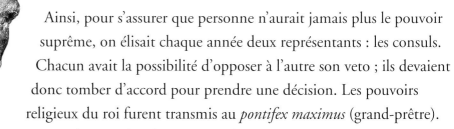

Ainsi, pour s'assurer que personne n'aurait jamais plus le pouvoir suprême, on élisait chaque année deux représentants : les consuls. Chacun avait la possibilité d'opposer à l'autre son veto ; ils devaient donc tomber d'accord pour prendre une décision. Les pouvoirs religieux du roi furent transmis au *pontifex maximus* (grand-prêtre).

Par la suite, les deux consuls furent rejoints par des censeurs, qui vérifiaient que les sénateurs étaient bien citoyens romains à part entière. On classait en effet les gens en citoyens et en non-citoyens : les premiers étaient nés à Rome et avaient des droits spécifiques (comme celui de voter) ; les seconds étaient esclaves ou provinciaux (vivant en dehors de Rome).

Les plébéiens (les gens ordinaires) n'avaient pas été à l'origine de la destitution des rois et n'appréciaient pas vraiment l'autorité des patriciens. En 494 avant JC, ils se rebellèrent et refusèrent de servir

UN PÈRE FONDATEUR
Chaque année, les citoyens élisaient des sénateurs à des postes officiels. On pense que cette tête de bronze représente Brutus, père fondateur de la République.

dans l'armée. Ce refus était grave pour une ville qui avait besoin de défenses solides. Les patriciens furent donc forcés d'accepter l'élection annuelle de deux représentants du peuple, les tribuns, pour protéger les intérêts de la plèbe contre les aristocrates. Par la suite, le nombre des tribuns passa de deux à dix.

Il existait également une assemblée plébéienne, mais au départ sans grande puissance. Les plébéiens possédaient cependant un certain pouvoir décisionnel concernant le destin de Rome : s'ils refusaient de servir dans l'armée,

S'ADRESSER AU SÉNAT
Aux premiers temps de la République, seuls les patriciens pouvaient entrer dans la *curia*, l'enceinte du Sénat.

Gouverner Rome

Le Sénat gérait les affaires de la ville. Il était composé de représentants élus par les assemblées, choisis parmi les familles les plus riches et les plus puissantes. Les consuls, les *quaestors*, les *aediles* et les *praetors*, ainsi que les représentants religieux, étaient élus par les sénateurs. Il y avait également des censeurs, qui supervisaient leurs candidatures et passaient des contrats pour les temples et les routes.

Les quaestors géraient les finances.

Les praetors s'occupaient de la justice.

Les aediles étaient responsables de l'entretien de la cité.

Les tribuns étaient élus par le peuple.

Les deux consuls étaient élus pour une seule année.

la République se retrouvait sans défense – c'était aussi simple que cela ! Il était donc essentiel que patriciens et plébéiens coopèrent pour le bien de la cité. C'était d'ailleurs l'un de ses points forts.

Aux alentours de 450 avant JC, après une série d'émeutes populaires, les magistrats édictèrent un ensemble de lois écrites : les Douze Tables. Elles étaient affichées dans le forum, au centre de la ville. Elles traitaient de tous les aspects de la vie, des peines encourues pour meurtre et homicide involontaire aux mariages et aux dettes. La publication des Douze Tables montre que les Romains prirent très tôt leur système législatif au sérieux. Une fois établies dans tout l'Empire, ces lois allaient servir de modèle au reste de l'Europe durant des siècles.

Peu après l'institution de la République, Rome se lança dans une série de guerres contre ses voisins. Car on manquait de plus en plus de terres : la population avait crû si vite que la cité était surpeuplée. Les Romains étendirent donc leurs limites en annexant de larges portions de territoire et en y établissant de nouvelles villes, les colonies. Au cours des Ve et IVe siècles avant JC, ils firent donc la guerre aux pays voisins qui, naturellement, ripostèrent. Des tribus féroces comme les Volsques, les Aequi et les Sabins lancèrent des raids incessants contre le territoire romain et s'approchèrent même parfois dangereusement de la ville elle-même. Les Romains furent également longtemps en guerre contre les Étrusques de la cité de Véies, au nord : elle était prospère et

NOUVEAU TERRITOIRE
Avec une population croissante, Rome avait besoin de nouvelles terres. Elle conquit des villes voisines avant d'aller plus loin.

possédait un vaste territoire fertile. Elle repoussa plusieurs attaques avant de se rendre, en 396 avant JC.

Six ans plus tard, une tribu celte, les Gaulois, attaqua Rome de nuit et dévasta la cité. Seul un petit groupe de soldats survécut ; ils s'étaient réfugiés sur le Capitole. Selon la légende, ils furent réveillés par le caquètement et les battements d'ailes des oies sacrées que l'on gardait dans l'enceinte du sanctuaire. Mais les Gaulois mirent à sac le reste de la ville et assiégèrent le Capitole pendant sept mois. Ils ne partirent qu'après avoir reçu un gros butin en or.

Au fil du temps, les Romains reconstruisirent leur ville et reconquirent les terres perdues : ils étaient déterminés à ne pas se laisser abattre par les revers et les catastrophes. Après le départ des Gaulois, ils redoublèrent leurs efforts militaires et prirent le contrôle de nouveaux territoires au centre de l'Italie. Ils devinrent ainsi la plus grande puissance militaire de la région.

FEMMES VOLÉES
La légende veut que, parce qu'ils manquaient de femmes, les Romains aient attaqué les Sabins et enlevé leurs épouses et leurs filles.

OIES SACRÉES
Les oies du Capitole étaient dédiées à la déesse Junon. Tite-Live raconte comment elles sauvèrent Rome par leurs caquètements.

Cependant, l'invasion gauloise avait porté un coup à leur orgueil. C'est pourquoi ils ne connurent de repos qu'après avoir conquis le reste du nord de l'Italie.

Vingt ans plus tard environ – sans doute en 378 avant JC –, ils décidèrent de construire une nouvelle enceinte défensive autour de Rome, avec de gros blocs de pierre extraits des carrières situées non loin de la cité. Le mur faisait onze kilomètres de long et possédait vingt et une portes, destinées à contrôler l'accès à la ville. Il était si bien bâti qu'il en existe encore de nos jours de grandes portions, près de deux mille cinq cents ans après sa construction ! Cependant, ces travaux coûtèrent cher, et les plébéiens se mirent en colère lorsqu'on augmenta leurs impôts.

Vers 367 avant JC, patriciens et plébéiens s'unirent : les premiers

prirent des mesures pour permettre aux seconds de faire acte de candidature aux postes de consul ou à tout autre position de pouvoir. Certaines riches familles du peuple furent également autorisées à entrer au Sénat. Celles-là et les patriciens formèrent la *nobilitas*, la noblesse. Tout sembla, dès lors, aller pour le mieux

UN CELTE
Les Gaulois étaient originaires du nord des Alpes. Ils s'installèrent un peu partout en Europe après le Ve siècle avant JC. Les Romains les considéraient comme des barbares, prompts au combat et à la vantardise.

MUR DÉFENSIF
Rome sortit de ses frontières. Le mur originel, bâti en 378 avant JC, était la seule défense de la ville, jusqu'à ce qu'Aurélien construise une nouvelle

Les Romains considérèrent les premiers temps de la République comme un âge d'or durant lequel les vertus traditionnelles comme l'honnêteté et la frugalité, la modestie et le courage avaient atteint des sommets. L'homme idéal était le fermier-soldat, toujours prêt à troquer sa charrue contre son épée pour protéger Rome. C'est en tout cas l'histoire que l'on racontait à propos du général Cincinnatus, qui abandonna les labours pour prendre le commandement d'une armée et combattre les Aequi. Il les vainquit en quinze jours, puis retourna bien vite à ses champs. Au cours des siècles suivants, alors que la vie semblait trop luxueuse et bientôt décadente, les Romains se tournèrent à nouveau vers les grands hommes du passé tels que Cincinnatus.

COLLINES HOSTILES
Les Gaulois qui s'installèrent au nord de l'Italie résistèrent à la puissance grandissante des Romains, qui baptisèrent leur région *Gallia Cisalpina*, « la Gaule de ce côté des Alpes ».

CINCINNATUS
Ce tableau italien montre Cincinnatus recevant l'ordre de lever une armée. Aux premiers temps de la République, seuls les citoyens avaient le droit de s'enrôler.

CHAPITRE DEUX

L'État guerrier

Durant deux siècles, la République fut presque toujours en guerre. Après avoir pris le contrôle du Latium, les Romains partirent à la conquête des régions alentour. À l'est, il y avait les Samnites, au sud les Volsques et au nord les Étrusques.

PEU À PEU, LA PUISSANTE ARMÉE annexa presque toute la péninsule italienne. Au début du IIIe siècle avant JC, les seules régions à ne pas faire partie de l'Empire romain étaient celles du nord de l'Italie, où habitaient les Gaulois, et les cités du sud, fondées plusieurs siècles auparavant par les Grecs. Les Romains étaient souvent généreux avec les vaincus :

nombreux furent les habitants des villes voisines à se voir octroyer la citoyenneté romaine. En échange de leur service militaire, ces citoyens étaient protégés par la loi, et détenaient le droit de vote dans les assemblées s'ils résidaient à Rome. D'autres cités reçurent une demi-citoyenneté : les hommes devaient servir dans l'armée mais ne pouvaient voter. Rome proposa une alliance à la plupart des autres villes : elles géraient leurs propres affaires, conservaient leur monnaie et leurs impôts, mais devaient fournir des hommes à son armée.

◄ Mars, dieu de la guerre

Elle pouvait donc compter sur un très grand nombre de soldats pour conserver sa puissance. La taille de son armée la poussa d'ailleurs à se lancer dans de nouvelles conquêtes, et c'est ainsi qu'elle s'enrichit encore plus. Rome était devenue une machine de guerre.

À mesure que presque toute l'Italie passait sous sa coupe, elle se « romanisa ». Le latin devint la langue standard de tout le pays. Les nobles de Rome s'allièrent avec les plus riches et les plus puissantes familles des cités conquises, scellant des liens d'amitié. Les Romains apportèrent à ces régions la stabilité et jouèrent un rôle de protecteurs contre les tribus d'envahisseurs tels que les Gaulois. Ils construisirent un vaste réseau de routes qui permettaient à l'armée de se déplacer rapidement à travers toute l'Italie en cas d'attaque ou de rébellion. La plus célèbre, la Via Appia, reliait Rome aux villes du sud, tandis que la Via Clodia traversait l'Étrurie, au nord. On construisit par la suite un réseau de voies très semblable pour relier les villes de tout l'Empire.

DANS LA BATAILLE
Les soldats romains lançaient leurs javelots avant de charger l'ennemi, épée en avant.

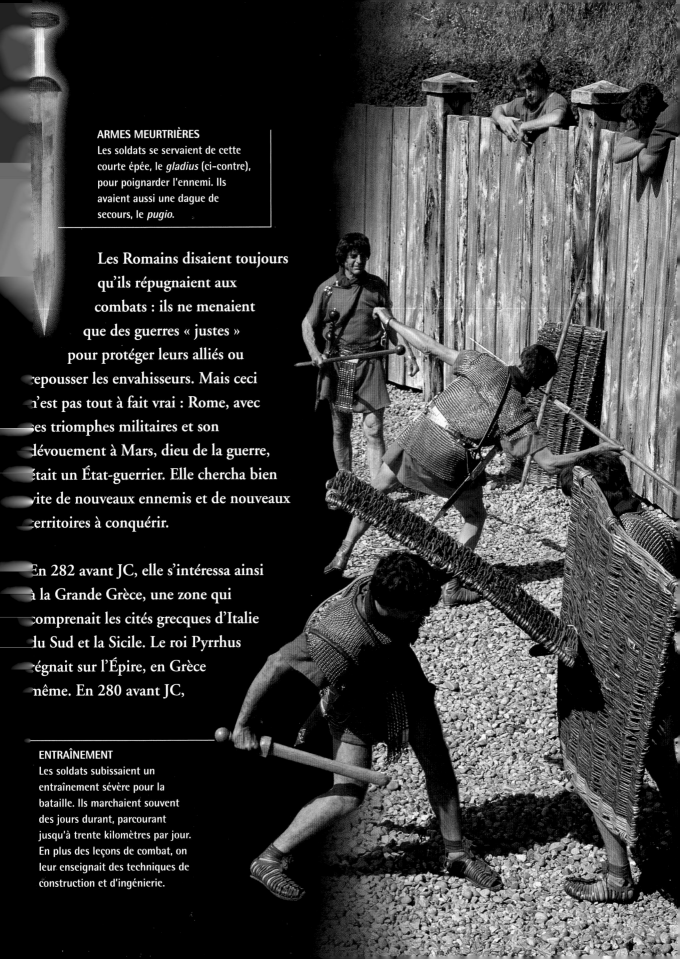

Les Romains disaient toujours
qu'ils répugnaient aux
combats : ils ne menaient
que des guerres « justes »
pour protéger leurs alliés ou
repousser les envahisseurs. Mais ceci
n'est pas tout à fait vrai : Rome, avec
ses triomphes militaires et son
dévouement à Mars, dieu de la guerre,
était un État-guerrier. Elle chercha bien
vite de nouveaux ennemis et de nouveaux
territoires à conquérir.

En 282 avant JC, elle s'intéressa ainsi
à la Grande Grèce, une zone qui
comprenait les cités grecques d'Italie
du Sud et la Sicile. Le roi Pyrrhus
régnait sur l'Épire, en Grèce
même. En 280 avant JC,

la cité de Tarente, au sud de l'Italie, demanda son aide pour faire face aux Romains. Pyrrhus déplaça une armée de vingt-deux mille fantassins, trois mille cavaliers et vingt éléphants cuirassés. Les soldats romains eurent si peur à la vue et à l'odeur de ces bêtes gigantesques qu'ils s'enfuirent, pris de panique. Mais, même si Pyrrhus avait vaincu les Romains, il avait perdu environ quatre mille de ses soldats dans la bataille, et la légende veut qu'il ait déclaré : « Encore une victoire comme celle-ci, et je serai ruiné. » On parle d'ailleurs encore de « victoire à la Pyrrhus » pour désigner de tels demi-succès.

Les Romains n'abandonnèrent pas pour autant. Ils attaquèrent Pyrrhus une deuxième fois – et furent à nouveau vaincus. Mais, lors de la bataille suivante, les fameux éléphants furent dépassés par les soldats romains, qui les mirent en déroute. Les vainqueurs firent défiler en triomphe huit des bêtes capturées à travers les rues de Rome. Après cela, la plupart des cités grecques du sud de l'Italie firent la paix avec l'Empire.

Tandis que Rome étendait son territoire en Italie, les Carthaginois gagnaient en puissance à l'ouest de la Méditerranée. Il s'agissait d'un

L'INFORTUNÉ PYRRHUS
Après sa défaite contre les Romains, Pyrrhus quitta l'Italie pour de bon. Puis il connut une autre défaite en Grèce, avant de se faire tuer dans une émeute.

riche peuple de commerçants dont la capitale, Carthage, était située sur la côte de l'Afrique du Nord (aujourd'hui en Tunisie). Romains et Carthaginois entrèrent en conflit à propos de la Sicile : cela faisait longtemps que les relations entre les cités gouvernées par la Grèce et les alliées de Carthage étaient tendues, et les Romains craignaient que cette dernière ne veuille prendre le contrôle de toute l'île pour lancer une attaque contre l'Italie. En 264 avant JC, Rome fut impliquée dans un conflit opposant Carthage et Messénie, une cité grecque de Sicile. Cette bataille fut le point de départ à une guerre Rome-Carthage : la première guerre punique – nom qui provient du terme *poeni* (« carthaginois », en latin).

BÊTES DE GUERRE
Cette assiette représente un éléphant des guerres pyrrhiques. Les pachydermes étaient entraînés à charger l'ennemi.

Pour arriver jusqu'en Sicile, les Romains durent faire traverser la mer à leurs troupes. Mais ce n'était pas un peuple de marins : ils ne possédaient pas de navires, ayant jusqu'alors mené toutes leurs campagnes sur terre. Déterminés, ils décidèrent pourtant de se construire une flotte. Par chance, ils s'emparèrent d'un bateau carthaginois qui s'était échoué. Ils le démontèrent pour en comprendre le fonctionnement, puis le copièrent. Il s'agissait d'un quinquirème, doté de cinq rangs de rameurs. Les Romains construisirent cent navires en soixante jours. Ils ajoutèrent à leur modèle un *corvus* (ce qui signifie « corbeau ») : il s'agissait d'un grappin qui permettait de maintenir le bateau ennemi contre le vaisseau romain.

INFLUENCE GRECQUE
L'architecture romaine était très influencée par celle des Grecs. Ces temples magnifiques aux colonnes massives se trouvent à Paestum, l'une des cités grecques du nord de l'Italie.

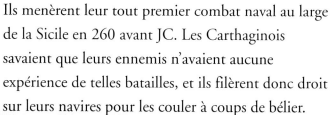

BATAILLE NAVALE
Les Romains se servirent de ponts-levis pour aborder les navires carthaginois et livrer sur le pont des combats au corps à corps.

Ils menèrent leur tout premier combat naval au large de la Sicile en 260 avant JC. Les Carthaginois savaient que leurs ennemis n'avaient aucune expérience de telles batailles, et ils filèrent donc droit sur leurs navires pour les couler à coups de bélier. Mais les Romains se servirent de leurs grappins pour attraper les bateaux adverses et se lancer à l'abordage. Ils combattirent donc sur les ponts d'une manière qui leur était familière. Cinquante navires furent ainsi capturés, et dix mille Carthaginois furent tués ou faits prisonniers : les Romains s'étaient montrés à la hauteur.

Carthage était un empire commercial fondé sur ses liaisons maritimes. Elle avait besoin de ses navires pour apporter des vivres à ses troupes en Sicile. Sans sa flotte, elle perdrait sa puissance et son statut. Les Romains se mirent donc à construire de plus en plus de bateaux.

PIÈCE DE LA VICTOIRE
Les Romains célébrèrent leur victoire sur Carthage en frappant des pièces à l'effigie d'un navire de guerre.

En 242 avant JC, ils l'emportèrent une nouvelle fois au large de la Sicile, avec deux cents nouveaux vaisseaux. Après cette deuxième défaite, les Carthaginois demandèrent la paix et quittèrent l'île.

Les Romains en mer

Le navire de guerre romain n'était guère plus qu'une plate-forme flottante permettant aux soldats d'approcher très près de l'ennemi. Les Romains inventèrent cette énorme planche d'abordage, dotée d'un grand crochet, qu'ils actionnaient comme un pont-levis. Le crochet se plantait dans le pont ennemi et les légionnaires pouvaient alors partir à l'abordage. Leur flotte patrouillait aussi en Méditerranée pour surveiller les pirates.

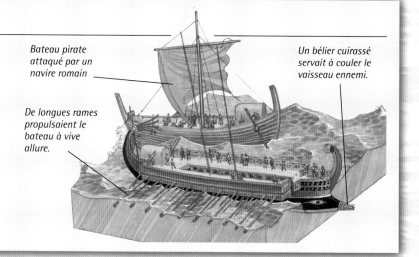

Bateau pirate attaqué par un navire romain

Un bélier cuirassé servait à couler le vaisseau ennemi.

De longues rames propulsaient le bateau à vive allure.

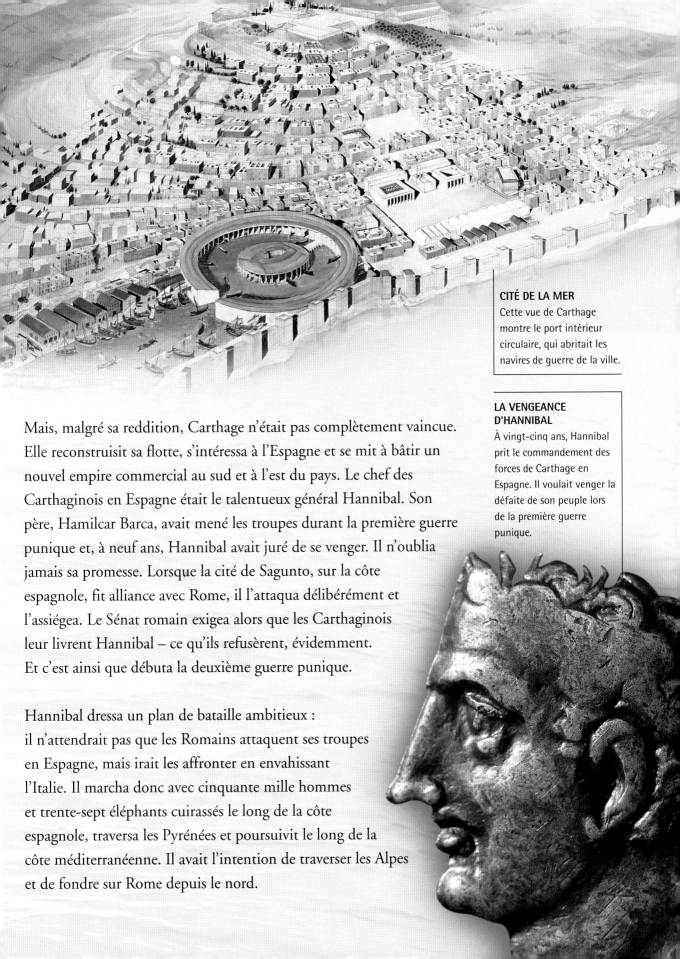

Mais, malgré sa reddition, Carthage n'était pas complètement vaincue. Elle reconstruisit sa flotte, s'intéressa à l'Espagne et se mit à bâtir un nouvel empire commercial au sud et à l'est du pays. Le chef des Carthaginois en Espagne était le talentueux général Hannibal. Son père, Hamilcar Barca, avait mené les troupes durant la première guerre punique et, à neuf ans, Hannibal avait juré de se venger. Il n'oublia jamais sa promesse. Lorsque la cité de Sagunto, sur la côte espagnole, fit alliance avec Rome, il l'attaqua délibérément et l'assiégea. Le Sénat romain exigea alors que les Carthaginois leur livrent Hannibal – ce qu'ils refusèrent, évidemment. Et c'est ainsi que débuta la deuxième guerre punique.

Hannibal dressa un plan de bataille ambitieux : il n'attendrait pas que les Romains attaquent ses troupes en Espagne, mais irait les affronter en envahissant l'Italie. Il marcha donc avec cinquante mille hommes et trente-sept éléphants cuirassés le long de la côte espagnole, traversa les Pyrénées et poursuivit le long de la côte méditerranéenne. Il avait l'intention de traverser les Alpes et de fondre sur Rome depuis le nord.

Cette traversée des Alpes est devenue l'objet de nombreuses légendes. L'armée d'Hannibal dut passer par des cols dangereux et subir les attaques à coups de gros rochers de robustes tribus des montagnes. Quelque vingt-quatre mille hommes, soit près de la moitié des effectifs, périrent. Cependant, l'armée d'Hannibal finit par passer et, en l'espace de deux mois, elle conquit presque tout le nord de l'Italie. Après avoir perdu la grande bataille du lac Trasimène, les Romains rapatrièrent leurs forces vers le sud. Les Gaulois de la région, ennemis traditionnels de l'Empire, vinrent prêter main forte aux Carthaginois. L'heure était grave. Fabius, le général en chef romain, attendit en espérant gagner du temps et user ainsi les troupes ennemies. Il doit son nom de *Cunctator*, ou « Retardateur », à cette tactique.

Mais les Romains firent une erreur : ils décidèrent d'anéantir Hannibal par la force et envoyèrent cinquante mille hommes à Cannae. Mais ils furent vaincus et périrent presque tous dans la bataille. Ce fut une catastrophe, et certaines cités d'Italie du Sud préférèrent faire la paix avec les Carthaginois. Le Sénat romain campa néanmoins sur ses positions : il refusa de négocier ou de racheter les quelques prisonniers encore en vie.

ARMÉE D'ÉLÉPHANTS
Nombreux furent les éléphants qui moururent de froid ou tombèrent dans le vide en passant les cols glacés.

LES ALPES
Hannibal atteignit les Alpes en octobre. Les montagnes étaient déjà enneigées, ce qui rendait le voyage encore plus périlleux.

Après cet échec, les Romains envoyèrent une armée en Espagne sous le commandement de Scipion, un général alors âgé de vingt-cinq ans. Après avoir vaincu là-bas les Carthaginois, Scipion décida d'envahir l'Afrique du Nord. En 202 avant JC, Hannibal revint donc d'Italie en catastrophe pour l'affronter. Il connut une défaite cuisante à Zama, en Tunisie. Il en réchappa, mais se suicida pour éviter d'être capturé. Une fois encore, les Carthaginois se virent contraints d'accepter une paix humiliante : ils durent ramener le nombre de leurs vaisseaux à dix, abandonner tout projet de conquête de l'Espagne et payer une énorme amende aux Romains. Pourtant, le pire était encore à venir.

Car, même si Carthage n'était plus une menace pour Rome, celle-ci n'avait pas pour autant oublié Hannibal et les défaites qu'il lui avait fait subir. Pendant cette période, un homme d'État du nom de Caton terminait chacun de ses discours ainsi : « Il faut détruire Carthage. » Lorsque les Carthaginois constituèrent une nouvelle armée, violant les clauses du traité, les Romains en profitèrent donc pour leur déclarer à nouveau la guerre : ils n'abandonneraient que si leurs ennemis quittaient leur cité. Cette exigence était bien entendu inacceptable, car elle signifiait pour les Carthaginois la fin de leur civilisation. C'est pourquoi ils se mirent en hâte à fortifier la ville. En 149 avant JC, les Romains envoyèrent leur armée et, après un siège qui dura près de trois ans, la ville tomba. Carthage fut alors entièrement détruite et ses habitants furent soit tués, soit vendus comme esclaves.

SAUVEUR DE ROME
On avait surnommé Scipion « l'Africain » en l'honneur de ses victoires en Afrique du Nord, où il défit Hannibal.

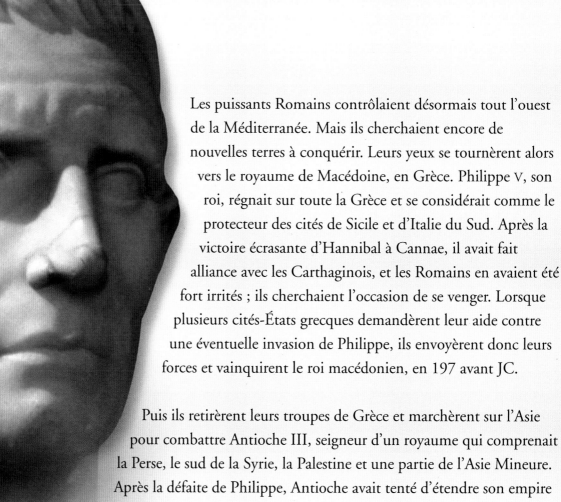

Les puissants Romains contrôlaient désormais tout l'ouest de la Méditerranée. Mais ils cherchaient encore de nouvelles terres à conquérir. Leurs yeux se tournèrent alors vers le royaume de Macédoine, en Grèce. Philippe V, son roi, régnait sur toute la Grèce et se considérait comme le protecteur des cités de Sicile et d'Italie du Sud. Après la victoire écrasante d'Hannibal à Cannae, il avait fait alliance avec les Carthaginois, et les Romains en avaient été fort irrités ; ils cherchaient l'occasion de se venger. Lorsque plusieurs cités-États grecques demandèrent leur aide contre une éventuelle invasion de Philippe, ils envoyèrent donc leurs forces et vainquirent le roi macédonien, en 197 avant JC.

Puis ils retirèrent leurs troupes de Grèce et marchèrent sur l'Asie pour combattre Antioche III, seigneur d'un royaume qui comprenait la Perse, le sud de la Syrie, la Palestine et une partie de l'Asie Mineure. Après la défaite de Philippe, Antioche avait tenté d'étendre son empire en envahissant la Grèce, mais les Romains l'avaient vaincu. En 190 avant JC, ils le poursuivirent jusqu'en Asie et détruisirent son armée au cours d'une grande bataille à Magnésie, en Asie Mineure. Rome contrôlait désormais une grande partie de l'Asie. Personne ne semblait plus pouvoir l'arrêter.

ANTIOCHE LE GRAND
Ambitieux roi de Syrie, Antioche rêvait de faire renaître l'empire d'Alexandre le Grand. Il finit par perdre son propre royaume au profit de Rome.

Même s'ils confiaient la plupart des territoires vaincus à des dirigeants locaux, les Romains ne se retiraient jamais complètement du pays conquis. Ils continuèrent donc à intervenir dans les affaires grecques et, en 168 avant JC, prirent directement le contrôle de la Macédoine. En 146 avant JC, ils écrasèrent une rébellion dans la cité grecque de Corinthe. Dans une démonstration de puissance brute, les soldats anéantirent la ville et vendirent ses habitants comme esclaves, comme ils l'avaient fait pour Carthage. Et, en 145 avant JC, Rome contrôlait toute la Grèce.

Après ces victoires, les Romains se firent encore plus confiants et plus agressifs. Ils gagnèrent la réputation d'être cruels et arrogants. Certains gouverneurs, les prêteurs, profitèrent de leur statut pour exploiter les ressources des territoires conquis et s'enrichir. De nombreux historiens romains s'accordèrent d'ailleurs pour dire qu'après la chute de Carthage Rome s'était trop préoccupée d'argent et de luxe. Menés par l'ambition et la soif du pouvoir, les gens travaillaient pour eux-mêmes, et non pour le bien de la République. C'est ce qui allait conduire à de graves troubles civils.

CHUTE D'UNE CITÉ
Après que les Romains eurent détruit la ville de Carthage, ils salèrent le sol pour le rendre stérile.

UN VASTE EMPIRE
Après de nombreuses années de guerre, Rome avait conquis de vastes territoires, en commençant par l'Italie. En 100 avant JC, l'Empire s'étendait sur toute la côte méditerranéenne, de l'Espagne à l'Asie.

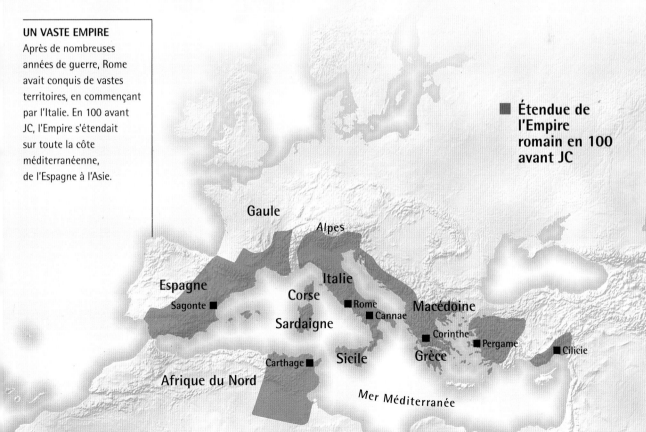

■ **Étendue de l'Empire romain en 100 avant JC**

Gaule
Alpes
Espagne
Italie
Corse
Sagonte ■
■ Rome
Macédoine
■ Cannae
Sardaigne
Corinthe
■
■ Pergame
■ Cilicie
Carthage ■
Sicile
Grèce
Afrique du Nord
Mer Méditerranée

CHAPITRE TROIS

La Rome républicaine

Après des années de guerre, la ville de Rome se trouvait désormais au centre d'un empire à part entière. À la fin du IIᵉ siècle avant JC, elle contrôlait toute l'Italie et la Grèce, la plus grande partie de l'Espagne, certaines régions d'Afrique du Nord et d'Asie Mineure et la partie sud de la Gaule.

LA CAPITALE D'UN EMPIRE devient le foyer de centaines de peuples et de groupes ethniques différents. Rome abritait désormais marchands et émissaires, poètes et orateurs, musiciens et danseuses du monde entier. Certains venaient y chercher un soutien financier auprès de riches citoyens, d'autres du travail.

La cité avait grandi très rapidement, et c'était maintenant l'une des plus grandes du monde méditerranéen. Les richesses affluaient depuis les terres conquises. Le Sénat commença alors à s'inquiéter : trop de luxe allait peut-être affaiblir la vie de la République. On vota donc des lois contre les pratiques trop ostentatoires – comme le port de vêtements de couleurs variées et de bijoux en or. Mais ces mesures eurent peu d'effet.

AQUEDUC DE SÉGOVIE
Cet aqueduc de pierre fut construit au IIᵉ siècle après JC à Ségovie, en Espagne. Il possédait 128 arches. Au point le plus haut, l'eau circulait à 30 mètres au-dessus du sol.

LE FORUM DE ROME
Ci-dessous, la Via Sacra, qui traversait le forum romain. Les trois grandes colonnes font partie du temple de Castor et Pollux.

Les bâtiments publics symbolisaient la puissance et la richesse grandissantes de la ville. De nouvelles rues pavées et de nouveaux ponts furent bâtis pour décongestionner la cité. Sur le forum, les Romains construisirent de grands bâtiments rectangulaires, les basiliques ; il s'agissait de spacieux halls fermés qui servaient de cours de justice et de salles de réception. Mais les ouvrages d'art les plus étonnants étaient sans doute les viaducs et les aqueducs : les viaducs soutenaient des routes bien au-dessus du sol, tandis que les aqueducs fournissaient la ville en eau fraîche. Au début, on détournait le cours des ruisseaux depuis les montagnes qui entouraient Rome et on acheminait l'eau via des canaux de pierre souterrains. Par la suite, on suréleva ces canaux sur des arches de pierre légèrement inclinées vers le sol de façon à maintenir un flot continu. L'eau était collectée dans un réservoir, le *castellum aquae* (château d'eau), puis renvoyée par un système de tuyaux vers les fontaines, les habitations privées et les bains publics.

On construisit aussi de nombreux temples grâce aux fonds publics gonflés par les profits de la guerre. Mais la situation n'était pas idéale : la ville était surpeuplée, sale

et malsaine. Le Sénat était cependant si préoccupé par les affaires de l'État qu'il ne faisait pas grand-chose pour améliorer la vie des gens ordinaires. À mesure qu'augmentait la population, il fallut plus d'espace pour construire des logements, et le prix du terrain devint très élevé. Seuls les privilégiés avaient les moyens de vivre dans des maisons de ville. Les pauvres se serraient dans de petites pièces dans des immeubles, les *insulae*. Ces bâtiments étaient souvent mal construits et très dangereux.

Il y avait environ cent mille Romains en service actif dans l'armée, pour la plupart fermiers. Lorsqu'ils étaient en mission, des esclaves s'occupaient des terres à leur place. L'économie romaine dépendait donc d'un afflux constant de travailleurs étrangers.

MAISON DE PAUVRES
De nombreuses *insulae* étaient en bois et avaient plusieurs étages. Rares étaient les pièces chauffées. Il fallait aller chercher l'eau aux fontaines publiques.

RUES ÉTROITES
Les rues étaient juste assez larges pour laisser passer les charrettes. Les maisons empiétaient sur le trottoir.

ARISTOCRATES DIRIGEANTS

Les sénateurs étaient choisis parmi les riches familles de Rome et élus à vie. Ceux-ci vivaient probablement au temps d'Hadrien, qui mit la barbe à la mode. Avant cela, ils étaient toujours rasés de près.

Ils étaient organisés en groupes et travaillaient dans divers domaines, comme les carrières ou les vignes. À Rome même, les riches citoyens possédaient de nombreux domestiques, qui travaillaient au jardin ou à la maison.

Même si le système politique n'avait presque pas changé depuis les premiers temps de la République, il était devenu corrompu. En théorie, le Sénat gouvernait la ville, tandis que les assemblées plébéiennes approuvaient ou rejetaient les nouvelles lois. Cependant,

Le forum

Au cœur de la ville de Rome, il y avait le forum, semblable à une place publique. On y rencontrait ses amis pour discuter des événements politiques ou participer aux rites religieux. Il était entouré de bâtiments publics : temples, assemblées, cours de justice et bains. La *curia* (le Sénat) se trouvait tout au bout. Les hommes politiques y faisaient leurs discours, juchés sur une plate-forme, et les citoyens s'y pressaient pour regarder les défilés religieux, les parades militaires et les exécutions. On y voyait même des combats de gladiateurs et des spectacles de bêtes sauvages.

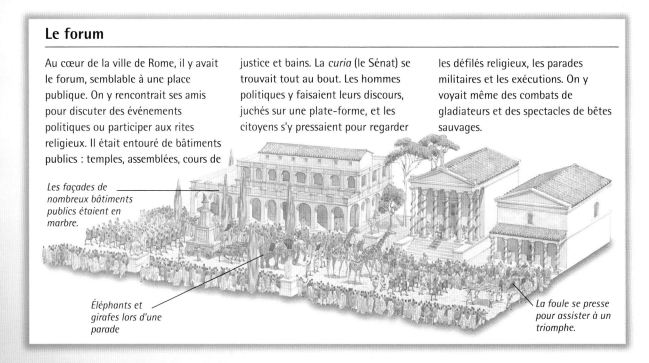

Les façades de nombreux bâtiments publics étaient en marbre.

Éléphants et girafes lors d'une parade

La foule se presse pour assister à un triomphe.

certaines des plus riches familles de Rome purent contrôler le gouvernement durant des périodes assez longues. Elles se servaient de leur richesse pour influer sur les élections des sénateurs et des magistrats. Ainsi, malgré les assemblées du peuple, Rome était en fait dirigée par un petit groupe de puissants (c'est-à-dire une oligarchie).

À cette époque, l'Empire était presque toujours en guerre. Lorsqu'un général rentrait victorieux d'une campagne, le Sénat lui faisait ce qu'on

LE CIRQUE MAXIME

L'un des sports favoris des Romains était la course de chars, qui se déroulait dans des cirques. Le cirque Maxime pouvait contenir jusqu'à 250 000 personnes.

appelle un triomphe, c'est-à-dire une parade militaire : debout sur un char tiré par quatre chevaux, il menait ses soldats à travers les rues de Rome sous les acclamations du peuple. Les chefs ennemis et les prisonniers de guerre faisaient également partie du défilé et devaient subir les moqueries et les insultes. L'armée marchait jusqu'au temple de Jupiter, sur le Capitole, pour rendre hommage au roi des dieux. Le général était vêtu de rouge, le visage peint de la même couleur, tout

comme la statue de la divinité qui se trouvait dans le sanctuaire.
On raconte qu'on plaçait un esclave derrière lui pour lui murmurer à
l'oreille « Regarde autour de toi et souviens-toi que tu es un homme »,
tandis que ses soldats l'insultaient pour lui rappeler son statut de
mortel. La célébration d'une victoire pouvait ainsi durer des jours.
C'était l'un des grands événements de la vie de la cité.

La vie quotidienne était ponctuée de jeux et de spectacles somptueux,
parfois pour fêter une glorieuse victoire, parfois pour célébrer les
funérailles d'un homme particulièrement important. Les courses
athlétiques et hippiques constituèrent les premiers jeux. Elles avaient
lieu dans le cirque Maxime. Par la suite, les Romains prirent goût aux
combats de gladiateurs et à la chasse aux bêtes sauvages. Tous ces

CULTE DE VESTA
Six vierges s'occupaient du temple de Vesta, au forum. Elles étaient les seules femmes du système religieux.

GRAND-PRÊTRE
Cette statue représente l'empereur Auguste habillé en souverain pontife. Il a la tête couverte et tient un bol à libations, servant à verser le vin ou l'huile en offrande aux dieux.

événements étaient financés soit par le Sénat, soit par de riches citoyens qui souhaitaient, en dispensant leurs largesses, gagner les faveurs de leurs compatriotes.

Les fêtes religieuses étaient au cœur de la vie romaine. On attendait de tous qu'ils vénèrent les dieux qui protégeaient la ville, et on organisait des cérémonies pour s'attirer leurs bonnes grâces. Des prêtres professionnels nommés par l'État s'occupaient des rites : le Sénat nommait seize des citoyens les plus en vue *pontifex* (prêtre), et celui qui avait les plus grandes responsabilités était désigné *pontifex maximus*. Ils demandaient la bénédiction des dieux en leur offrant des sacrifices d'animaux : ils choisissaient avec soin la victime (bœuf, cochon, mouton ou poulet), plaçaient du vin et de la farine sacrée sur sa tête, puis la tuaient d'un seul coup, sur un autel installé en plein air. Ils brûlaient ensuite ses entrailles pour que la fumée montante puisse emporter l'offrande sacrificielle jusqu'au monde des dieux.

On ne prenait aucune décision publique sans l'avis de prêtres spéciaux : les augures. Ils avaient pour tâche d'essayer de découvrir quelle était la volonté des dieux, en scrutant le mouvement irrégulier des oiseaux, des nuages et des étoiles. Ils observaient également la foudre et le tonnerre : on pensait qu'il s'agissait de signes divins. Il existait aussi d'autres prêtres, les aruspices, qui examinaient les entrailles des animaux sacrifiés pour y trouver des messages des dieux.

En règle générale, les femmes ne participaient pas aux rituels publics. Mais un groupe de prêtresses, les vierges vestales,

dédiaient leur vie à Vesta, la déesse du foyer. Elles vivaient dans une enceinte réservée à côté du temple de la divinité, au forum, et devaient maintenir allumé le feu sacré du sanctuaire : les Romains pensaient que, si la flamme s'éteignait, leur cité connaîtrait un désastre. Ces prêtresses, issues de familles aristocrates, étaient habillées comme des mariées, bien qu'elles ne soient pas autorisées à prendre un époux. Et, si une vestale brisait les lois sacrées de la déesse, on l'enterrait vivante.

Les Romains vénéraient des centaines de dieux et de déesses, chacun doté de son temple et de ses rites. Jupiter, dieu du ciel, était leur roi. Les deux déesses principales étaient Junon, reine des cieux, et Minerve, déesse de la sagesse. À chaque divinité correspondait un aspect de la vie : Mars était le dieu de la guerre, Bacchus celui du vin, Cérès la déesse de l'agriculture. Et, si les Romains adoraient les dieux de leurs ancêtres, ils vénéraient aussi ceux des peuples qu'ils avaient soumis. Il leur arrivait ainsi d'identifier une divinité étrangère avec l'une des leurs, comme Moloch, le dieu carthaginois, qui se confondit avec Saturne. Mais le panthéon romain était en grande partie emprunté au panthéon grec, avec, par exemple, Apollon dieu du soleil et Esculape dieu de la médecine.

ROI DES DIEUX
Jupiter était le dieu du ciel et du temps. Ses symboles étaient l'aigle et l'éclair. On l'identifia par la suite à la divinité grecque Zeus.

TALISMAN SPÉCIAL
De nombreux Romains portaient des talismans pour repousser les mauvais esprits. Les symboles sur cette étrange main en bronze – dont un serpent et une pomme de pin en équilibre sur le pouce – étaient censés avoir des pouvoirs spéciaux.

Dieux du foyer

Chaque maison avait son autel, le *lararium*. La famille vénérait les esprits de la maison, qui la protégeaient du mal. Il s'agissait des dieux *lares* et *penates*. Les *lares* surveillaient les limites du foyer et protégeaient tous ceux qui y vivaient ; les *penates* gardaient les placards où l'on rangeait la nourriture. On devait aussi commémorer ses ancêtres grâce à des masques de cire ou des portraits, qui prenaient la place d'honneur à la maison.

En cas de besoin, les gens se tournaient vers telle ou telle divinité pour lui demander de l'aide et, si elle répondait à leurs prières, ils lui faisaient une offrande accompagnée de remerciements écrits. Les cadeaux allaient de pièces et de broches pour les plus pauvres jusqu'à des statues d'argent pour les plus riches.

Lorsqu'ils devaient prendre des décisions importantes, nombreux étaient ceux qui se rendaient jusqu'à Delphes, en Grèce, pour consulter l'oracle d'Apollon. Les Romains pensaient en effet que les dieux pouvaient leur venir en aide par des oracles (des avis et des prédictions donnés par des prêtres et des prêtresses, porte-parole des divinités). Leurs questions étaient exclusivement pragmatiques : « Vais-je divorcer ? », « Deviendrais-je juge ? » Par ailleurs, beaucoup rendaient visite à des devins, qui prétendaient lire l'avenir, et à des astrologues, qui étudiaient le mouvement des planètes et établissaient des horoscopes.

Mais tous les Romains n'étaient pas croyants : certains, plus cultivés, mettaient publiquement en doute l'existence des dieux. Ils s'intéressaient plutôt aux idées des philosophes grecs, comme Socrate ou Platon, pour trouver le bonheur et la paix. Ils en auraient grand besoin au siècle suivant : la République s'apprêtait en effet à connaître une période de crise.

Statue d'un génie, esprit protecteur d'une personne

On pensait que les serpents protégeaient les habitations.

Les autels du foyer avaient souvent la forme de temples.

CHAPITRE QUATRE

La République
dans la tourmente

À la fin du IIe siècle avant JC, la République connut une série de crises dont elle ne se releva jamais. Tout commença avec deux frères ambitieux, les Gracchus, qui tentèrent de détourner le système politique à leur avantage.

L'AÎNÉ DES DEUX FRÈRES, Tiberius Gracchus, fut élu tribun en 133 avant JC. Il représentait les pauvres contre les riches – en partie par compassion pour leur sort difficile, mais plus vraisemblablement pour faire avancer sa propre carrière. Ainsi, il proposa une loi qui permettrait de prendre des terres aux riches pour les redistribuer aux pauvres.

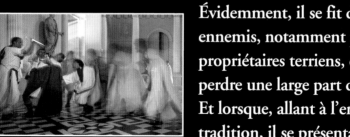

Évidemment, il se fit de nombreux ennemis, notamment parmi les riches propriétaires terriens, qui risquaient de perdre une large part de leurs biens. Et lorsque, allant à l'encontre de la tradition, il se présenta une seconde fois à l'élection des tribuns, un groupe de sénateurs opposés à ses réformes fomentèrent une émeute au cours de laquelle il fut tué.

En 123 avant JC, le frère de Tiberius, Caius Gracchus, fut à son tour élu tribun. Il proposa des mesures pour fournir du blé aux pauvres au plus bas prix et donner plus de pouvoirs

◄ Vercingétorix se rend à Jules César.

aux assemblées du peuple. Une fois encore, ces tentatives de réforme débouchèrent sur la violence : en 121 avant JC, Caius fut tué, et plusieurs milliers de ses partisans furent capturés et exécutés. Le destin des deux frères témoigne bien de l'hostilité qui opposait les pauvres et la noblesse (les patriciens et les riches plébéiens). D'un côté, des hommes tels que les Gracchus étaient prêts à assouvir leurs propres ambitions en se prétendant les amis du peuple ; de l'autre, la noblesse était prompte à défendre par la force ses privilèges.

Alors que Rome continuait d'étendre son empire, un général victorieux, Caius Marius, décida de réformer l'armée. Aux débuts de la République, seuls les citoyens qui possédaient des terres pouvaient s'enrôler et, en cas de conflit, ils les laissaient pour partir combattre avec leurs propres armes. Mais, à partir du moment où Rome fut impliquée dans des guerres longues, au-delà des mers, les agriculteurs durent quitter leurs terres durant des années. Ils s'endettaient souvent, et leurs fermes étaient vendues à de riches propriétaires terriens. Au IIe siècle avant JC, Marius autorisa tous les citoyens à s'engager. Il fournit des armes à tous les soldats et mit en place un entraînement très difficile, inspiré des écoles de gladiateurs. Avec sa nouvelle armée, il remporta des victoires notables en Afrique

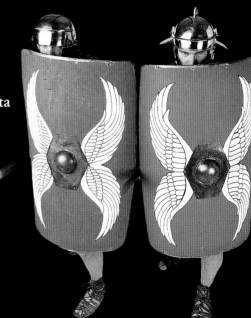

CHEF AMBITIEUX
Marius fut nommé sept
fois consul. Il fut acclamé
comme le troisième
fondateur de Rome.
Sa carrière influença
beaucoup son neveu César.

RÉFORMATEUR DE L'ARMÉE
L'une des réformes de Marius fut
la création des centuries, unités
combattantes de 80 hommes. On les
appelait les « mules de Marius »,
à cause de leur équipement lourd.

du Nord et dans le nord de l'Italie. Il fut même, pendant un temps, le personnage le plus important de Rome.

En 91 avant JC, un tribun nommé Marcus Livius Drusus proposa une loi accordant la citoyenneté romaine à toutes les cités alliées. Le Sénat rejeta sa proposition, et il fut tué par un inconnu. Les villes alliées, déçues d'avoir perdu pareille opportunité, se révoltèrent contre les Romains : commença alors la Guerre sociale (du latin *socius*, qui signifie « allié »). Ces cités étaient bien entraînées, et l'armée romaine subit de lourdes pertes. La guerre prit fin lorsque Rome accepta enfin de leur donner la citoyenneté qu'elles revendiquaient.

Mais le pire était à venir : Rome dut faire face à la première guerre civile de son histoire. En 88 avant JC, un jeune consul, Sylla, reçut le commandement d'une armée pour aller combattre Mithridate, roi du Pont (Turquie actuelle). Mais, au

GUERRIER SAMNITE
Les Samnites firent partie des tribus qui, durant la Guerre sociale, combattirent contre Marius. Par la suite, ce dernier en enrôla dans ses troupes pour défaire Sylla.

dernier moment, on le lui retira pour le donner au général Marius. Furieux, Sylla entra dans Rome avec ses troupes : Marius dut fuir et ses partisans furent exécutés.

MITHRIDATE
Cette pièce est à l'effigie de Mithridate, roi asiatique du Pont. Formidable ennemi des Romains, il fut vaincu par Pompée en Asie Mineure.

DICTATEUR DE ROME
Sylla fut le premier dictateur romain à régner sans limitation de durée. En général, on nommait un tel homme en temps de crise, pour six mois maximum. C'est aussi le premier Romain à avoir envahi sa propre ville. Il fit décapiter des centaines de citoyens et clouer leurs têtes au centre de la cité.

Puis Sylla quitta Rome pour, comme prévu, combattre Mithridate. Durant son absence, Marius revint de son exil et reprit le contrôle de la cité, tuant des centaines d'alliés de son rival. Il mourut en 86 avant JC mais, lorsque Sylla retourna en Italie, il trouva toutes ses propriétés confisquées : les partisans du général Marius avaient pris le pouvoir. Il fuit Rome, mais y revint trois années plus tard pour accomplir sa vengeance : dans toute la ville, ce fut le règne de la terreur. Des escadrons de la mort rassemblaient les ennemis du consul et les exécutaient sur-le-champ. Ils assassinèrent de nombreux riches. Sylla prétendit qu'il ne faisait que défendre la République contre ses ennemis et, en 82 avant JC, il se proclama dictateur de Rome. La paix revint enfin, mais personne n'oublierait jamais son règne sanglant.

La carrière de Sylla montrait bien que le pouvoir n'était accessible qu'aux généraux qui commandaient les armées les plus puissantes. Ils ressemblaient à des seigneurs de guerre dont la grandeur dépendait des victoires. Après le départ du pouvoir de Sylla, deux de ses partisans, Pompée et Crassus, rassemblèrent leurs forces pour régner sur Rome. Un peu partout, des ennemis menaçaient l'Empire – sans compter les pirates, qui attaquaient les navires romains en Méditerranée. Mais, pour l'heure, il y avait plus urgent : en 73 avant JC, un groupe de gladiateurs (parmi lesquels de nombreux esclaves) s'échappa d'un centre

d'entraînement à Capoue, au sud de Rome. À leur tête, Spartacus.
Alors qu'ils traversaient la campagne, ils incitèrent d'autres esclaves à se
joindre à eux. Plusieurs milliers d'hommes se rallièrent : Spartacus était
désormais à la tête d'une grande armée. Ils mirent à sac presque tout le
pays et repoussèrent plusieurs attaques. Spartacus pressa ses hommes de
traverser les Alpes et de retourner dans leur patrie (il venait pour sa part
de Thrace, sur les rives de la mer Noire). Mais ils choisirent de rester en
Italie pour profiter de leur butin de guerre. Grave erreur…

Car les Romains n'avaient pas l'habitude de perdre – et
encore moins d'être humiliés chez eux, qui plus est par des
esclaves. Il fallait donc faire quelque chose. En 75 avant JC,
Crassus leva une armée de quarante mille soldats et vainquit Spartacus
et ses hommes à Apulie, au sud de l'Italie. Il fit six mille prisonniers,
qui furent crucifiés sur cent soixante kilomètres le long de la Via Appia,
entre Capoue et la capitale : un avertissement brutal à l'intention de
tous ceux qui seraient tentés de défier Rome…

TRAVAIL D'ESCLAVE
De nombreux esclaves domestiques étaient
bien traités, mais les autres étaient enchaînés
et forcés de travailler dans les mines, les
carrières et les fermes.

JULES CÉSAR
César avait de nombreuses relations. C'était le neveu du général Marius, et sa fille Julia avait épousé Pompée.

Un troisième homme aspirant au pouvoir fit son apparition. Il s'appelait Jules César, et il était encore plus ambitieux que Crassus et Pompée. César venait d'une famille de patriciens et commença sa carrière comme orateur. Il gravit rapidement les échelons : il devint d'abord *pontifex maximus*, puis *praetor*. En 60 avant JC, il forma une alliance avec Pompée et Crassus et, l'année suivante, fut élu consul. Pour gagner le soutien du peuple de Rome, il fit des dépenses somptueuses pour développer les bâtiments publics et offrir des spectacles gratuits de gladiateurs. Et, lorsqu'il ne parvenait pas à convaincre le Sénat, il était tout à fait prêt à se servir de ses propres troupes pour le faire changer d'avis... Sous son consulat, Jules César devint gouverneur de la Gaule pour cinq années. Ceci marqua le début

d'une carrière historique. Le pays que les Romains désignaient comme la Gaule couvrait la France et la Belgique actuelles, et était peuplé d'une tribu celtique, les Gaulois. Lorsque César en devint le gouverneur, en 58 avant JC, les Romains n'en contrôlaient qu'une petite partie, au sud, tout autour de l'embouchure du Rhône, et vivaient sous la menace constante d'une attaque des tribus du Nord. César partit en campagne pour les repousser et, après une série de grandes victoires, conquit le centre et le nord du pays : il étendit ainsi l'Empire romain jusqu'à la Manche. En six ans, il avait réussi à placer tout un pays et tout un peuple sous le joug de Rome. Par la suite, il écrivit un récit épique de ses exploits.

Les victoires de Jules César en Gaule l'enrichirent énormément. De plus, il acquit un dévouement sans faille de la part de ses soldats. Crassus avait été tué au combat à l'est, et Pompée, autrefois protecteur de César, devint son grand rival. Ses forces dépassaient largement celles du vainqueur de la Gaule, mais elles étaient dispersées dans toute la République. Pour l'heure, il était temps que César rentre à Rome, où il allait connaître le destin d'un chef.

VERCINGÉTORIX
Vaincu lors de la bataille d'Alésia, le chef gaulois Vercingétorix déposa ses armes aux pieds de César. Enchaîné, il fut emmené à Rome, puis exécuté.

SCÈNE DE BATAILLE
Lorsque les soldats romains envahissaient une cité fortifiée, ils poussaient une tour montée sur roues contre l'un des murs. Certains passaient par-dessus l'enceinte, sur un pont-levis, tandis que les autres la défonçaient à coups de bélier.

LA REINE CLÉOPÂTRE
Réputée pour son intelligence et sa beauté, Cléopâtre était d'origine grecque, mais elle parlait égyptien et se considérait fille de Râ, le dieu solaire.

SANS RETOUR
Une fois que l'armée de César eut franchi le Rubicon, la guerre civile fut inévitable.

Un homme aussi riche et aussi puissant s'était forcément fait de nombreux ennemis, et les sénateurs romains se mirent à craindre son pouvoir grandissant. Ils suggérèrent donc qu'on le destitue de son commandement et qu'on disperse son armée. C'est pour cette raison que Jules César décida d'envahir Rome – tout comme Sylla l'avait fait avant lui. Il traversa la Gaule pour rejoindre le nord de l'Italie jusqu'à ce qu'il atteigne un petit fleuve, le Rubicon, qui matérialisait la frontière entre les deux pays. Il s'y arrêta. « Nous pouvons encore reculer », dit-il. « Mais, une fois que nous aurons franchi ce petit pont, nous devrons nous battre. » Il traversa donc le cours d'eau – et, depuis ce temps-là, l'expression « franchir le Rubicon » signifie prendre une décision irréversible. La nouvelle de l'arrivée de César en Italie mit ses ennemis en fuite. Il prit donc le contrôle de Rome sans effusion de sang. Puis il pourchassa Pompée jusqu'en Grèce, où il l'emporta. Son rival se réfugia à Alexandrie, en Égypte, mais il fut assassiné peu avant l'arrivée de son vainqueur.

Pendant son séjour en Égypte, César tomba amoureux de la jeune reine Cléopâtre. Celle-ci venait d'être détrônée et se battait contre son frère Ptolémée pour regagner son pouvoir. Elle parvint à ses fins grâce au soutien du Romain. Cléopâtre est devenue l'une des grandes légendes de l'Antiquité : son intelligence, dit-on, égalait sa beauté. On raconte qu'elle fut présentée à César enroulée dans un tissu pourpre, couleur de la royauté. Elle devint sa maîtresse et lui donna un fils.

Après une absence de plus de trois ans, après avoir vaincu tous ses ennemis, César finit par rentrer à Rome.

Il organisa des parades extraordinaires, des jeux et des festins pour célébrer ses victoires. Il donna deux cent quarante pièces d'or à chacun des soldats de son infanterie ; il offrit également quatre pièces d'or à chaque citoyen, ainsi que de grandes quantités de blé et d'huile. Ses chars triomphants arboraient une pancarte sur laquelle on pouvait lire : « *Veni, vidi, vici* » – « Je suis venu, j'ai vu, j'ai vaincu. » C'est devenue la citation latine la plus célèbre du monde.

Maintenant que César détenait le pouvoir absolu, il se mit à imposer des changements et à édicter de nouvelles lois : il fit construire des canaux et des bibliothèques, réforma le calendrier et le système législatif, et prit des mesures pour améliorer la situation sanitaire de Rome. Malgré cela, nombreux étaient ceux qui le considéraient comme un tyran. Et ils avaient de bonnes raisons de croire qu'il était devenu trop orgueilleux : on lui attribua le titre de « Père du pays » ; au Sénat, on lui érigea un trône en or ; on se mit même à le comparer à un dieu. Le septième mois de l'année fut rebaptisé « *julius* » en son honneur – ce qui a donné le mot « juillet ».

Sous Jules César, la République n'en garda que le nom. César contrôlait seul le gouvernement et les armées de Rome.

REINE ÉGYPTIENNE
Ce bas-relief représentant Cléopâtre vient du temple d'Hathor, en Égypte. La reine (à gauche) porte le costume de la déesse Isis.

PIÈCES DE MONNAIE
César fut le premier Romain à faire frapper des pièces à son effigie – un honneur que l'on n'accordait qu'aux défunts.

Cicéron, homme d'État et orateur

Marcus Tullius Cicero (104-43 avant JC) était un homme politique et un orateur remarquables. Jules César trouva en lui un puissant opposant au sein du Sénat et tenta de faire alliance maintes fois. Mais Cicéron se méfiait de son goût pour le pouvoir suprême. Il finit par se retirer de la politique pour vivre à la campagne, où il écrivit sur l'art oratoire et la philosophie. Après la mort de César, il fit des discours contre Marc Antoine, qui ordonna son assassinat.

DAGUE CACHÉE
Les ennemis de César
décidèrent de le tuer à son
arrivée au Sénat. Chacun
accepta de lui porter un
coup, afin que les torts
soient partagés. Ils
cachèrent leurs dagues sous
les boîtes qui contenaient
les papiers officiels de la
réunion du jour.

En 44 avant JC, il devint dictateur à vie. On dit même qu'il voulut prendre le titre de *rex* (roi). Depuis la fin de la monarchie, cinq cents ans auparavant, les Romains méprisaient cette idée et, pour beaucoup, c'en fut trop : un groupe de soixante sénateurs conspira pour l'assassiner. Certains d'entre eux étaient de ses amis, mais ils s'unirent tous dans la haine de sa tyrannie. Le jour des Ides de Mars (le 15 mars), les conspirateurs encerclèrent César alors qu'il pénétrait dans le Sénat et le poignardèrent trente-trois fois. Le Père du pays mourut à l'âge de cinquante-cinq ans. L'ambition, la

LE COUP LE PLUS CRUEL
Un groupe de conspirateurs
menés par le sénateur
Cassius donnèrent à César
les coups fatals. Lorsqu'il vit
parmi eux son fils adoptif
Brutus, il s'exclama : « *Et tu,
Brute ?* » (« Toi aussi,
Brutus ? »)

volonté de puissance, la gloire et la renommée avaient été ses raisons de vivre. Il avait eu la vision de Rome sauvée du naufrage de la République, mais ne vécut pas assez longtemps pour accomplir son rêve. Son nom est cependant resté célèbre : il est le plus connu des empereurs romains.

S'ensuivit une nouvelle lutte pour le pouvoir. Le consul Marc Antoine était l'homologue de César, et l'héritier du tyran était son neveu et fils

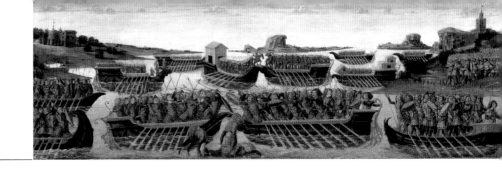

adoptif Octave, âgé de dix-neuf ans. Allié à Marc Antoine et à Lépide, ce dernier pourchassa les conspirateurs. Tous trois vengèrent l'assassinat de César dans un bain de sang : deux mille personnes trouvèrent la mort.

Il était peut-être inévitable qu'après cela Lépide, Octave et Marc Antoine s'affrontent. On donna au premier le gouvernement de l'Afrique du Nord, tandis que les deux autres obtenaient le reste de l'Empire, Marc Antoine à l'est, Octave à l'ouest. Ils partagèrent le pouvoir pendant près de douze années – difficiles –, jusqu'en 31 avant JC : Octave défit Marc Antoine au cours d'une bataille navale à Actium, au large de la Grèce. Il devint alors le seul et unique empereur de Rome.

Il conserva le pouvoir suprême pendant les quarante-quatre années suivantes. Après des années de guerre civile, l'ordre fut enfin rétabli dans l'Empire romain. En l'honneur de Jules César, Octave prit le nom d'Auguste César (*augustus* signifie « révéré » en latin). Il adopta aussi le titre d'*imperator* (« victorieux à la bataille ») – à l'origine de notre mot « empereur ». Ce fut un tournant décisif dans l'histoire de Rome, qui marqua le début du règne des empereurs.

CHAPITRE CINQ

Les *premiers* empereurs

Auguste fut un chef sage et efficace. Après des décennies de guerre civile, il apporta la paix. La République n'était plus : les empereurs allaient désormais régner sur Rome durant cinq cents ans.

S I AUGUSTE AFFIRMAIT avoir redonné le contrôle de la République au Sénat, qu'il consultait ostensiblement, il avait en fait la mainmise sur tout l'Empire. Il portait les titres de général suprême de l'armée, de gouverneur principal des provinces impériales et de *pontifex maximus* de l'État. Mais il ne pouvait gouverner seul : il avait besoin de

l'aide d'administrateurs expérimentés et de représentants officiels. C'était un homme prudent et pragmatique, dont le but était d'asseoir l'Empire sur des fondations solides pour l'avenir. De nature aimable, il était bien disposé à l'égard de son entourage. Certes, il pouvait parfois se montrer impitoyable, mais c'était pour le bien de l'État, disait-il. Même s'il n'était pas un grand chef militaire, l'armée romaine fit quelques conquêtes remarquables sous son commandement. La plus importante fut celle de l'Égypte, en 30 avant JC. Elle devint la province la plus riche,

◄ Auguste, le premier empereur

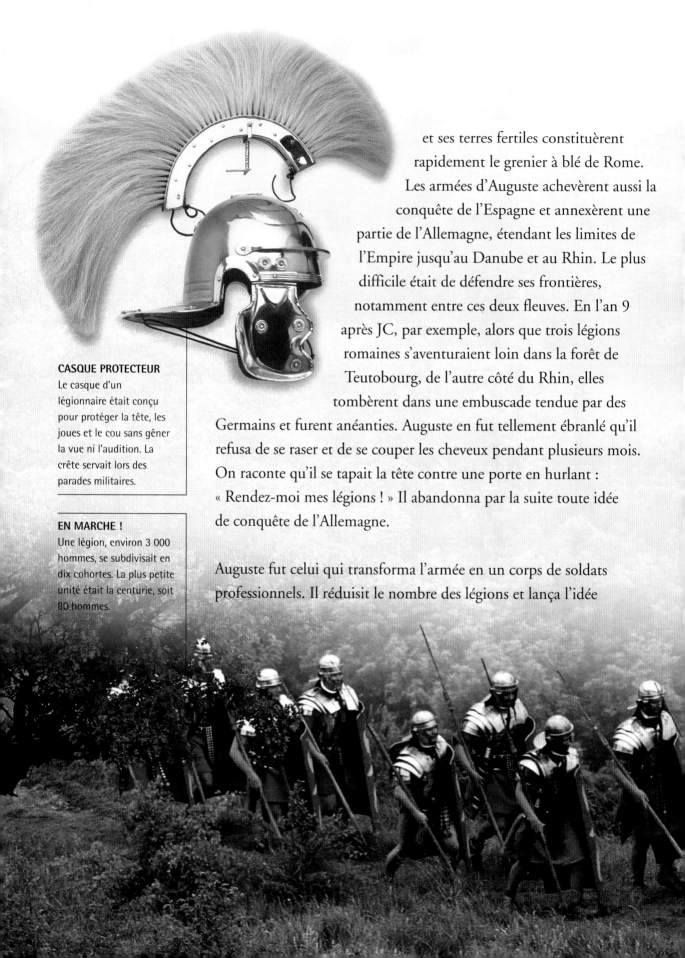

et ses terres fertiles constituèrent rapidement le grenier à blé de Rome. Les armées d'Auguste achevèrent aussi la conquête de l'Espagne et annexèrent une partie de l'Allemagne, étendant les limites de l'Empire jusqu'au Danube et au Rhin. Le plus difficile était de défendre ses frontières, notamment entre ces deux fleuves. En l'an 9 après JC, par exemple, alors que trois légions romaines s'aventuraient loin dans la forêt de Teutobourg, de l'autre côté du Rhin, elles tombèrent dans une embuscade tendue par des Germains et furent anéanties. Auguste en fut tellement ébranlé qu'il refusa de se raser et de se couper les cheveux pendant plusieurs mois. On raconte qu'il se tapait la tête contre une porte en hurlant : « Rendez-moi mes légions ! » Il abandonna par la suite toute idée de conquête de l'Allemagne.

Auguste fut celui qui transforma l'armée en un corps de soldats professionnels. Il réduisit le nombre des légions et lança l'idée

CASQUE PROTECTEUR
Le casque d'un légionnaire était conçu pour protéger la tête, les joues et le cou sans gêner la vue ni l'audition. La crête servait lors des parades militaires.

EN MARCHE !
Une légion, environ 3 000 hommes, se subdivisait en dix cohortes. La plus petite unité était la centurie, soit 80 hommes.

d'employer des auxiliaires, c'est-à-dire des provinciaux à qui l'on donnait la citoyenneté romaine au terme de leur service. Les hommes n'avaient pas le droit de se marier et devaient s'engager pour seize ans. En échange, ils étaient bien payés et recevaient souvent des cadeaux. À la fin du règne d'Auguste, l'armée de Rome comptait plus de trois cent mille soldats. L'empereur forma également un corps d'élite, la garde prétorienne, chargée de le protéger, lui et sa famille. Ces soldats spéciaux étaient postés à Rome et recevaient trois fois le solde normal.

En divers endroits de l'Empire, Auguste créa vingt-huit colonies : à leur retraite, les soldats recevaient ainsi de petits lopins de terre. Les fils de ces vétérans suivaient souvent la voie de leurs pères au sein de l'armée et, peu à peu, les provinces fournirent plus d'hommes que Rome même. De plus, ces colonies contribuaient à diffuser le mode de vie romain.

Au cours de son long règne, Auguste visita la quasi-totalité de son Empire. Il disposa prudemment ses légions pour qu'elles puissent se déplacer rapidement afin d'écraser

TROUPES D'ÉLITE
Avec le temps, la garde prétorienne acquit beaucoup de pouvoir à Rome. Ci-dessous, une parade impériale.

PORTES DU TEMPLE
Cette pièce représente les portes du temple de Janus Quirinus, que l'on ne fermait qu'en temps de paix.

ESCALIERS DURABLES
Auguste construisit l'immense temple de Mars au cœur du forum. Ces escaliers en marbre sont tout ce qu'il en reste.

les rébellions et repousser les invasions. Il gagna aussi le soutien de chefs locaux et imposa la loi romaine jusque dans les provinces les plus reculées. Mais il était également prêt à détrôner les dirigeants qu'il jugeait peu fiables ou inaptes.

Rome connut à nouveau la prospérité. Le temps de la paix fut symboliquement marqué par la clôture des portes d'un temple, celui de Janus Quirinus : par trois fois sous le règne d'Auguste, elles furent fermées. L'empereur fit aussi reconstruire la ville : il clamait fièrement qu'il avait hérité d'une cité de brique et qu'il l'avait revêtue de marbre. Il bâtit un nouveau forum ainsi que trois grands temples dédiés à Mars, à Jupiter et à Apollon. Il se vantait d'avoir, en une seule année, érigé ou restauré quatre-vingt-deux lieux de culte. De sa part, ce n'était pas un acte de piété mais une affirmation de son pouvoir. L'image de l'empereur était partout : sur les pièces de monnaie, les statues, les tableaux. Il se servait de ses fonds personnels pour construire des basiliques et des théâtres, et encourageait les riches à financer d'autres projets publics. Il mit également en place un service de soldats du feu (les incendies étaient un danger constant dans les appartements surpeuplés de Rome) et construisit de nouveaux égouts pour améliorer l'hygiène publique.

Il fit réparer les aqueducs et bâtir de
nouveaux ponts et de nouvelles routes.
Rome devint l'une des plus belles villes du
monde. Le commerce était prospère dans tout
l'Empire et les gens affluaient de partout
vers sa capitale.

Auguste travailla sans cesse tout au long de sa vie.
Il jugeait les affaires de justice jusque tard dans la
soirée. Lorsque la nourriture venait à manquer, il
vendait du blé à bas prix, et parfois même le donnait
gratuitement. Il offrait également des jeux au peuple,
ainsi que des pièces de théâtre et des courses. Il fit même
construire un lac artificiel où l'on mit en scène des
batailles navales. Bien que très pragmatique, Auguste était
aussi très superstitieux. Il croyait par exemple qu'il était de
bon augure de commencer un voyage par temps de pluie,

STATUE IMPÉRIALE
Cette statue représente
Auguste en chef militaire,
le bras droit levé en signe
d'autorité. Il vécut jusqu'à
75 ans, mais on le représentait
toujours jeune.

AFFAIRES DE FAMILLE
Sur cette frise de l'*Ara pacis* (l'Autel de la paix), on voit la famille d'Auguste en train de défiler. L'empereur fit construire ce monument pour célébrer la fin de la guerre civile.

RETRAITE INSULAIRE
Tibère se fit construire une villa luxueuse au sommet d'une falaise sur l'île rocheuse de Capri. Il y vécut isolé, loin des affaires de l'État.

et que mettre son pied droit dans sa chaussure gauche au saut du lit était au contraire un mauvais présage. C'est ainsi qu'à la suite d'un rêve prémonitoire il se mit à faire semblant, un jour par an, d'être un mendiant : on rapporte qu'il s'asseyait dans la rue et tendait la main. Il ne mourut qu'à soixante-quinze ans – ce qui, pour l'époque, était un âge avancé. Il avait créé un système politique qui perdura sur plusieurs générations, et fixé les limites de l'Empire romain pour deux cent cinquante ans. Ses successeurs repoussèrent parfois ses frontières, sans toutefois jamais perdre aucune portion de territoire.

Auguste et sa femme Livie n'avaient pas eu d'enfants. Mais, d'un précédent mariage, Livie avait eu un fils, Tibère, et Auguste en avait fait son héritier. Dès lors, la transmission du pouvoir devint héréditaire, instituant un système dynastique. Ainsi, on désigne le régime fondé par Auguste comme la « dynastie julio-claudienne », qui persista pendant cinquante ans après sa mort. C'était, apparemment, la seule manière d'apporter la stabilité à un État qui avait connu tant de guerres causées par l'ambition d'hommes assoiffés de pouvoir. Mais il n'était peut-être pas très sage de faire de la naissance, plutôt que du talent, la base du commandement suprême.

Tibère avait cinquante-quatre ans lorsqu'il devint empereur, en l'an 14 après JC. Commandant militaire victorieux, il avait partagé le pouvoir avec Auguste pendant les deux dernières années de la vie de l'empereur, mais n'était toutefois pas son successeur favori. Auguste avait en effet été très proche de ses petits-fils, Gaius et Lucius, et les avait adoptés comme ses propres enfants. Mais tous deux étaient morts jeunes. Certaines rumeurs, d'ailleurs, couraient sur le compte de Livie : peut-être avait-elle tué tous les héritiers potentiels pour imposer Tibère.

Il semble que celui-ci n'ait pas souhaité le titre d'empereur : il disait souvent que détenir le pouvoir absolu à Rome, c'était comme « tenir un loup par les oreilles ». Il était sévère et peu avenant. L'une de ses phrases célèbres est celle-ci : « Qu'ils me haïssent, du moment qu'ils me respectent ! » Il méprisait les flatteurs et détestait qu'on l'appelle *dominus*, « seigneur ». Et, lorsqu'un magistrat tenta de lui embrasser les genoux, il recula si vite qu'il tomba en arrière.

LUGUBRE EMPEREUR
Tibère s'était déjà retiré de la vie publique lorsqu'on l'appela à la charge d'empereur. Il était impopulaire, et l'historien Suétone le décrit comme un tyran malveillant.

Tibère vivait constamment dans la peur du complot. Il mit donc sur pied des tribunaux spéciaux où étaient jugées les affaires de trahison. Il payait aussi des informateurs pour espionner ses ennemis. Il punissait si sévèrement ceux qui l'avaient offensé qu'il finit par faire régner la terreur sur Rome. Mais, avec le temps, il se désintéressa du pouvoir qu'il laissa à ses généraux. Il cessa de financer les jeux somptueux qu'offrait Auguste à son peuple et apparut de moins en moins souvent en public. Il finit même par quitter Rome et se retira dans une villa luxueuse sur l'île rocailleuse de Capri, dans la baie de Naples. Là, il se sentait en sécurité, car l'île était protégée par des falaises abruptes et ne comptait qu'une seule plage où l'on pouvait accoster. Pendant les dix dernières années de sa vie, l'empereur le plus puissant du monde vécut ainsi, invisible dans sa villa, dépêchant des messagers pour faire connaître ses questions et ses ordres. La machine gouvernementale était si efficace qu'elle pouvait tourner sans lui.

On dit que, vers la fin de sa vie, Tibère devint vindicatif et cruel, ordonnant régulièrement des châtiments et des exécutions : il existait un lieu, à Capri, où l'on torturait les victimes avant de les jeter à la mer du haut d'une falaise. Lorsque la nouvelle de la mort de l'empereur parvint à Rome, en l'an 37, après vingt-deux ans de pouvoir suprême, le peuple en liesse se jeta dans les rues en criant : « Que l'on jette Tibère au Tibre ! »

Son petit-fils, Caius, lui succéda. On le connaît sous le nom de Caligula, ce qui signifie « petites bottes » : son père, Germanicus, avait été un célèbre général et, lorsque Caius était enfant, il s'habillait comme un soldat, portant tunique et petites bottes. Sa mère et ses deux frères étaient morts en prison, victimes de la terreur instaurée par son grand-père. Les chances de survie de Caligula étaient donc minces mais, lorsqu'il eut dix-huit ans, Tibère en fit son héritier. La

L'ÉPÉE DE TIBÈRE
Le portrait de l'empereur sur le fourreau de cette épée indique qu'il s'agissait peut-être d'un cadeau de l'un de ses officiers supérieurs.

PETITES BOTTES
Caligula devait son surnom à une minuscule paire de bottes comme celles-ci. Les sandales militaires, les *caligae*, étaient faites pour la marche, solides et bien aérées.

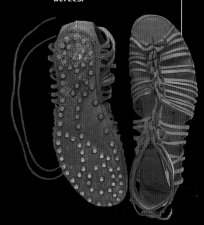

rumeur voulut que le jeune homme ait tenté d'accélérer la mort du vieil empereur en l'étouffant sous un oreiller. Les Romains accueillirent ce nouveau dirigeant avec joie : il avait vingt-cinq ans et son père était un héros. Après le règne paranoïaque et sanglant de Tibère, ils pensaient que les choses ne pourraient qu'aller mieux. En fait, ce fut bien pire encore.

Au début de son règne, Caligula sembla bon et juste. Il autorisa le retour à Rome de ceux que Tibère avait exilés et amnistia les condamnés. Il semblait plus intéressé par le pouvoir que son prédécesseur et montra sa générosité au peuple en lui distribuant des pièces d'or et en reprenant les jeux publics. Il chercha donc, au départ, à prouver qu'il était très différent de Tibère l'impopulaire. Mais il ne tarda pas à dévoiler son vrai visage : il était en fait bien plus dur que son grand-père. Il s'autoproclama dieu vivant et se bâtit un temple en or qui abritait sa propre statue.

Suétone, l'historien

Suétone nous a laissé de nombreux récits sur les premiers empereurs. Il écrivit *Les Vies des douze Césars*, une histoire des dirigeants romains de César à Domitien. Selon lui, Caligula logeait son cheval de course préféré dans une stalle de marbre et voulait le nommer consul pour insulter le Sénat.

Le pourpre, couleur des empereurs.

CALIGULA
Lorsque Tibère choisit Caligula pour héritier, il déclara « élever une vipère pour le peuple romain ». Ce portrait du jeune empereur est très flatteur : d'après Suétone, il était chauve et plutôt laid.

On dit même qu'il avait des conversations avec la statue de Jupiter, sur le Capitole, et qu'il portait un éclair en or, emblème du roi des dieux. Vers la fin de son règne, il arpentait Rome vêtu de vêtements féminins incrustés de bijoux. C'était sans doute pour impressionner le peuple, mais peut-être était-il fou, tout simplement.

La cruauté de Caligula n'avait d'égal que son orgueil. L'une de ses phrases célèbres était celle-ci : « Souvenez-vous que je peux faire ce que je veux à qui je veux. » Il adorait les jeux et les spectacles de toute sorte. Il fit importer des centaines de bêtes sauvages pour les mettre à mort dans l'arène. Lorsque la viande devint trop chère pour nourrir tous ces animaux, on dit qu'il leur donna à manger... des prisonniers. Le peuple de Rome se mit alors à le craindre et à le haïr. En l'an 41, après quatre ans de règne seulement, les membres de la

UN CHOIX SURPRENANT
On dit que Claude, craignant pour sa vie, était caché derrière un rideau dans le palais impérial lorsque la garde prétorienne le trouva et le proclama empereur.

garde prétorienne le tuèrent de trente coups de poignard. À l'âge de
vingt-neuf ans, le monstre disparut.

Après la mort de Caligula, la confusion envahit Rome : la garde
prétorienne craignait que le Sénat, consterné par les actes de
l'empereur, ne prenne des mesures pour rétablir la République – auquel
cas ces soldats d'élite n'auraient plus ni protecteur ni rôle à jouer. Alors,
lorsqu'ils trouvèrent Claude, l'oncle de Caligula, caché dans le palais,
ils l'emmenèrent à leur camp et le proclamèrent empereur.

Claude semble avoir souffert d'un handicap : il bégayait et tenait
à peine sur ses jambes. Certains doutaient même de sa capacité à
gouverner. Il était sans doute nerveux
(il craignait par exemple qu'on

BRITANNIA ROMAINE
Claude se lança à l'assaut
de la Britannia en 43. La
conquête prit quarante
ans, et les Romains ne
parvinrent jamais à
soumettre les tribus
guerrières d'Écosse.

l'assassine et faisait fouiller quiconque s'approchait de lui), mais c'était un homme intelligent, qui fut finalement un bon dirigeant. Caligula avait laissé l'Empire en plein chaos. Claude, lui, gouverna assisté d'un conseil de ministres. Il fut le premier à inviter les citoyens des provinces à devenir sénateurs. Il fit aussi construire des aqueducs pour acheminer de l'eau fraîche à Rome et augmenta les provisions de blé. C'était aussi un juge travailleur : il siégeait tous les jours à la cour.

Claude envahit et conquit une île aux marges de l'Empire : la Britannia. En l'an 43, ses généraux menèrent une campagne âpre contre plusieurs tribus au sud de l'île, tandis qu'il patientait en Gaule. Une fois la voie assurée, il traversa la Manche et rejoignit son armée pour donner le coup de grâce à la capitale ennemie, Camulodunum (aujourd'hui Colchester). À son retour, il annonça que Rome régnait désormais sur le monde entier.

Mais, pour autant, il n'était pas en sécurité à Rome : sa propre femme, Messaline, fomenta un complot pour l'assassiner. Mais Claude en eut vent et la fit exécuter. Il se remaria… et provoqua sa perte : on rapporte que sa nouvelle épouse, Agrippine, le tua en saupoudrant du poison sur son plat de champignons préféré. Après sa mort, en 54, le fils d'Agrippine, Néron, alors âgé de seize ans, accéda au pouvoir. La vie privée des empereurs était bel et bien marquée par le sang – notamment celui de leurs proches.

Agrippine était la sœur de Caligula. Elle était tout entière dévouée à Néron et avait

COMPLOT D'ÉPOUSE
Claude épousa sa quatrième femme, Agrippine, en 49. C'était sa propre nièce, et il lui fallait donc la permission du Sénat. Elle complota pour faire de son fils Néron le nouvel empereur, à la place du fils de Claude, Britannicus.

PLAT MORTEL
Le traître Halotus, goûteur du palais, saupoudra de poison le plat de Claude. Agrippine en ajouta encore sur la plume dont se servait son mari pour se faire vomir.

convaincu Claude d'en faire son héritier, même s'il avait déjà un fils. Mais, à peine un an après son accession au pouvoir, Néron renvoya sa mère du palais et, quatre ans plus tard, s'arrangea pour qu'elle meure dans un « accident » en mer. À partir de ce moment, il s'adonna entièrement à ses plaisirs favoris, qu'il s'agisse de la musique, du chant, de la peinture, de l'équitation, de la littérature ou de la gymnastique. Convaincu qu'il avait une voix magnifique, il participait à des festivals et gagnait – bien entendu – tous les prix. Il chantait dans différentes pièces, souvent des heures durant. On raconte que le public tentait d'escalader les murs du théâtre pour s'échapper ; certains faisaient même les morts pour qu'on les emporte !

Après l'assassinat de sa mère, Néron fit à son tour régner la terreur sur ses rivaux et ses ennemis. Il condamna à mort de nombreux riches pour trahison et s'empara de leurs biens, ordonnant

RENCONTRES SECRÈTES
Néron persécuta les chrétiens et les accusa d'avoir causé le grand incendie de Rome en 64. Ils devaient se retrouver secrètement dans les catacombes, des anciennes chambres funéraires.

à nombre de ses victimes de se suicider en se taillant les veines. C'était, au moins, une mort noble et relativement indolore – comparée à la crucifixion ou aux bêtes de l'arène.

En 64, un grand incendie s'étendit à presque toute la ville de Rome et détruisit des rues et de nombreux bâtiments. Une rumeur courut : Néron aurait lui-même allumé le feu afin de se construire une maison de campagne sur les terres dévastées. On dit aussi qu'il chanta, accompagné d'une lyre, en regardant brûler la cité. C'est cependant fort peu probable. En quête de coupables, l'empereur accusa les partisans d'une nouvelle religion, le christianisme, d'avoir déclenché l'incendie. Une vague de persécutions s'ensuivit : nombreux furent les chrétiens qu'il fit crucifier dans son jardin avant d'y mettre le feu pour les transformer en torches humaines.

Après l'incendie, Néron se fit construire un palais luxueux au centre de la ville. La *Domus aurea* (« Maison dorée ») était située au milieu d'un terrain qui s'étendait sur cinquante hectares de bois, de lacs et de jardins. Dans la cour principale, il fit ériger une statue de quelque trente-six mètres de haut à son effigie. Les murs de son palais étaient recouverts d'or et incrustés de pierres

LA VIE D'UN MONSTRE
On se souvient de Néron comme d'un homme qui tua ses opposants et incendia Rome à ses propres fins. Il fut pourtant populaire durant les cinq premières années de son règne.

précieuses. Les plafonds pouvaient s'ouvrir pour laisser pleuvoir des fleurs ou du parfum. Sur celui de la salle à manger principale, on avait peint un ciel ; on dit même qu'il tournait lentement au-dessus des convives.

Au printemps de l'an 68, des légions postées en Espagne se révoltèrent contre Néron et proclamèrent Galba empereur. Au début du mois de juin, le Sénat lui apporta son soutien. Néron projeta de fuir Rome, mais il était trop tard. Alors que les soldats arrivaient au palais pour l'arrêter, il se poignarda à la gorge. Il aurait dit avant de mourir : « Mort ! Quel grand artiste meurt avec moi ! » Avec sa chute, la dynastie julio-claudienne prit fin.

CHAPITRE SIX

L'ombre du Vésuve

Après la mort de Néron, l'Empire connut une période chaotique. Durant la seule année 69, Rome fut gouvernée par pas moins de quatre empereurs. La guerre civile était proche. Mais l'arrivée au pouvoir de Vespasien permit de rétablir l'ordre.

GALBA AVAIT PRÈS de soixante-dix ans lorsqu'il succéda à Néron. Il avait commandé l'armée romaine en Espagne avant de devenir gouverneur d'une de ses provinces. Connu pour sa sévérité et sa cupidité, il était impopulaire. Son règne ne dura pas plus de six mois et son rival, Othon, ancien compagnon de Néron, le fit tuer

et prit sa place. Mais il ne lui survécut pas longtemps. L'armée postée en Allemagne avait déjà proclamé empereur son commandant, Vitellius, et marchait sur Rome. Il vainquit Othon en avril 69 et devint ainsi le quatrième empereur de l'année.

Vespasien eut vent du chaos qui régnait à Rome. C'était un général expérimenté qui avait servi loyalement dans de nombreuses parties de l'Empire. En 67, Néron l'avait envoyé en Judée (l'actuel Israël) pour y réprimer une révolte des Juifs.

◀ Les rues de Pompéi après les fouilles

VESPASIEN
Cette statue de Vespasien
le montre bien puissant
et volontaire. Suétone le
décrit comme un homme
d'action vigoureux, à
l'énergie inépuisable.

Il était sur le point de conquérir Jérusalem
lorsqu'il apprit que Vitellius avait été nommé
empereur. Il chargea donc son fils Titus de
mater la rébellion juive tandis que lui se
rendait à Alexandrie, en Égypte, pour bloquer
les exportations de blé vers Rome. Il espérait
forcer ainsi Vitellius à abandonner ses desseins sur l'Empire.
Plusieurs autres commandants lui apportèrent leur soutien et
marchèrent sur Rome. Vitellius comprit alors que sa défaite
était imminente. Alors qu'il tentait de fuir la ville, les soldats
et la foule s'emparèrent de lui. Il fut torturé à mort et son
corps fut jeté dans le Tibre.

Vespasien resta en Égypte pendant près d'une année
tandis que son fils assiégeait Jérusalem. La ville tomba
en 70 et, le mois suivant sa chute, Vespasien entra
dans Rome en tant qu'empereur. Il nomma Titus
consul et héritier et, lorsque ce dernier atteignit
l'Italie l'année suivante, père et fils construisirent
un arc triomphal pour célébrer leur victoire
sur les Juifs.

Vespasien n'était pas issu d'une famille
aristocratique, mais il montra que le talent
était plus important que la naissance.
Il réussit à ramener le calme à Rome et

SIÈGE DE MASSADA
Les rebelles juifs résistèrent aux
Romains pendant quatre ans, terrés
dans la forteresse de Massada, au
sommet d'une falaise. En 74, les
légionnaires construisirent une
immense rampe et envahirent la cité.

laissa à son successeur un
empire stable. Depuis Auguste, il
fut peut-être le seul empereur digne
de ce titre. Son nom de famille était
Flavius, et la dynastie qu'il fonda porte
le nom de « dynastie flavienne ». Elle dura
trente ans.

Les principales décisions n'étaient plus du ressort
du Sénat mais de la cour impériale : tous ceux qui
avaient une doléance à présenter s'y pressaient.
Vespasien commençait tôt ses journées en écoutant les
rapports de ses secrétaires et de ses représentants, avant
d'accueillir ceux qui étaient venus le consulter.
Lorsqu'il prit le contrôle de l'Empire, il découvrit que

TOILETTES PUBLIQUES
De nombreuses villes construisirent de telles toilettes
publiques. L'eau coulait dans
un canal sous les sièges et se
déversait dans les égouts.

le trésor impérial était presque vide, en partie à cause de Néron : ce dernier avait énormément dépensé pendant les dernières années de son règne. Pour trouver des fonds, Vespasien augmenta les impôts et préleva de grosses sommes aux riches citoyens. Avec cet argent, il put restaurer de nombreux temples. Il entreprit aussi la construction du Colisée, un magnifique amphithéâtre de pierre qui servait aux combats de gladiateurs et aux chasses.

Contrairement à la plupart de ses prédécesseurs, Vespasien était honnête et droit, et avait même le sens de l'humour. Par exemple, lorsque Titus se plaignit d'une taxe qu'avait imposée son père dans les toilettes publiques – car elle était, selon lui, indigne de l'empereur –, il lui tendit une pièce prélevée lors du premier jour de la collecte en lui demandant si elle sentait mauvais. Autre exemple : les Romains croyaient qu'après leur mort les empereurs devenaient des dieux. Et l'on rapporte que Vespasien déclara au moment de mourir : « Oh ! Je crois que je suis en train de devenir un dieu ! » Puis il se leva, affirmant que c'était ainsi qu'un empereur romain devait trépasser.

Vespasien avait gouverné pendant dix ans. Deux mois après que Titus eut été proclamé empereur, l'une des plus grosses catastrophes naturelles de l'Antiquité occasionna des ravages terribles. Le 24 août 79, le mont Vésuve, un volcan éteint depuis les temps préhistoriques, entra brusquement en

CONSTRUIT POUR DURER

Il fallut moins de dix ans pour construire le Colisée. Titus l'inaugura en 80. Pour protéger les spectateurs du soleil, une équipe de mille hommes déployait une immense toile au-dessus du théâtre.

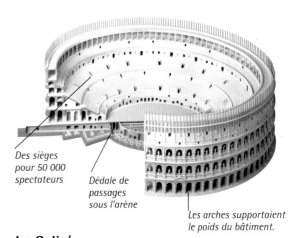

Des sièges pour 50 000 spectateurs

Dédale de passages sous l'arène

Les arches supportaient le poids du bâtiment.

Le Colisée

Dédié aux mises à mort, le Colisée était le lieu où les Romains venaient assister aux combats de gladiateurs et aux chasses de bêtes sauvages. Le sol de l'arène était recouvert de sable pour absorber le sang des victimes. Au sous-sol, il y avait un dédale de couloirs et de cellules, où l'on gardait en cage les animaux. Le moment venu, on hissait ces cages, puis on lâchait les animaux dans l'arène grâce à des trappes. À la fin du massacre du jour, la foule quittait l'arène par les *vomitoria*, des sorties voûtées.

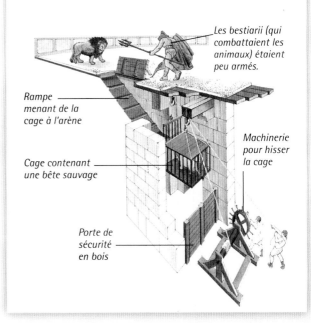

Les bestiarii (qui combattaient les animaux) étaient peu armés.

Rampe menant de la cage à l'arène

Machinerie pour hisser la cage

Cage contenant une bête sauvage

Porte de sécurité en bois

éruption et détruisit totalement la ville de Pompéi, ainsi que deux cités voisines. Ce jour-là, tôt le matin, on avait aperçu un peu de fumée et de vapeur qui s'échappaient du volcan. À une heure de l'après-midi, ce fut le début de l'enfer : de loin, on vit comme un nuage sorti de la montagne – informe, rouge, noir et blanc. Ceux qui s'approchèrent furent frappés par une pluie de cendres brûlantes et de pierres ponces. La lumière se voila et des torrents de lave s'écoulèrent des flancs du volcan. Les cendres et les pierres furent projetées à quelque mille kilomètres par heure. La colonne de débris volcaniques s'éleva jusqu'à trente-deux kilomètres dans les airs.

La pluie de matériaux incandescents s'intensifia. Une avalanche de boue bouillante, de gaz et de roche fondue dévala les pentes de la montagne vers la ville voisine d'Herculanum. Des centaines de personnes étaient en train de fuir lorsqu'elles furent rattrapées par les coulées. Elles furent tuées sur le coup. Sous l'effet de la chaleur, leurs os se brisèrent et leurs dents

À L'AGONIE

Ce moulage tordu indique que ce chien souffrit le martyre avant de mourir. Les moulages furent réalisés en versant du plâtre dans les espaces creux laissés par le corps des victimes.

FIN DE POMPÉI

Les citoyens s'enfuirent, pris de panique, tandis que s'abattaient sur eux des pluies de cendres et de pierres ponces. Les incendies furent vite éteints par ce déluge.

se désintégrèrent. Le lendemain,
Herculanum était ensevelie sous vingt
mètres de débris.

Une autre émission de fumée et de cendres
engloutit la ville de Pompéi. Les habitants
respirèrent du feu liquide, puis des cendres,
qui se solidifièrent dans leurs poumons.
Les plus chanceux moururent rapidement.
D'autres se jetèrent à terre, les bras en croix.
D'autres encore se tassèrent dans des
recoins. Nombreux furent ceux qui,
dans leur fuite, s'étaient saisis de sacs
d'argent ou d'objets précieux
– mais en vain. La ville fut
bientôt ensevelie sous six
mètres de débris. Pompéi
était morte asphyxiée.

FIGÉS DANS LA MORT
Ce moulage des corps
d'une femme et d'un
enfant montre comment sa
mère tenta de le protéger
de l'air empoisonné.
La plupart des victimes
moururent étouffées par
les fumées toxiques.

AMPHITHÉÂTRE ROMAIN
Le mont Vésuve, désormais paisible, offre une toile de fond magnifique à l'amphithéâtre de Pompéi. Vingt mille spectateurs pouvaient s'y installer.

ENSEVELI DANS LE TEMPS
Les archéologues durent creuser sous cinq mètres de cendres pour retrouver la ville. Le forum pavé (ci-dessous) était jadis bondé.

Quelques heures avant, c'était encore une cité très peuplée et très animée de la baie de Naples. Quand l'éruption commença, ils furent nombreux, parmi les vingt mille habitants, à réussir à se sauver. Mais le lendemain, les deux mille personnes restées sur place étaient mortes. Des siècles plus tard, lorsque les archéologues ont commencé leurs fouilles, ils ont trouvé une ville figée dans le temps. Sous les différentes couches, ils ont dégagé un forum avec des temples et des basiliques. Il y avait aussi des théâtres, des zones pour le sport et le divertissement, et cinq bains publics. Avant l'éruption du Vésuve, Pompéi était un centre

commercial prospère, doté d'une place de marché et de plusieurs halls à colonnes qui abritaient des vendeurs de poisson, de viande et de laine. Les ateliers et les tavernes bordaient les rues pavées, tout comme les dizaines de petites boutiques où l'on vendait du pain, des fruits et des légumes. Il y avait même un aqueduc qui acheminait l'eau et alimentait les fontaines publiques.

De nombreux bâtiments présentaient des affiches annonçant les prochains jeux ou les magistrats qui allaient être élus. Les habitants avaient griffonné leurs commentaires sur des gladiateurs ou des chanteurs. Par exemple, les admirateurs d'un acteur du nom de Paris avaient inscrit « Paris est le joyau de la scène » ou « Paris le Doux ». Il est d'ailleurs notable que les citoyens ordinaires d'une petite ville italienne comme Pompéi aient su lire et écrire. Tous ceux qui s'enrôlaient dans l'armée devaient apprendre à parler le latin ainsi qu'à lire et à écrire, ce qui contribua à diffuser la langue des Romains et à alphabétiser les populations.

De nos jours, on a presque oublié le nom de Titus, mais Pompéi reste en revanche dans la mémoire du monde. Titus régna pendant un peu plus de deux ans ; il est donc difficile de juger de son talent. Mais il semble avoir été populaire et capable de gouverner. S'il pouvait se montrer brutal et cruel, il possédait aussi un grand sens des responsabilités. En devenant empereur, il avait déclaré qu'il ne tuerait aucun citoyen, et il semble qu'il ait tenu parole. À l'annonce de son décès, Rome tout entière prit le deuil. On rapporte qu'il

RÉGIME VARIÉ
Ces œufs de Pompéi nous en disent long sur le régime alimentaire des Romains. On a aussi retrouvé du pain, des olives, des noix et des figues.

UN COUPLE ÉDUQUÉ
Sur ce portrait, la femme tient une tablette de cire et l'homme un rouleau de papyrus. Ces rouleaux servaient généralement pour les documents officiels.

TITUS
Cette pièce est à l'effigie de l'empereur Titus. Il visita deux fois Pompéi après l'éruption et organisa l'aide à apporter à la ville.

LE PALAIS DE DOMITIEN
Les ingénieurs arasèrent le sommet du mont Palatin pour y construire le nouveau palais de Domitien, reconnaissable ci-dessous à sa façade incurvée.

déclara sur son lit de mort : « Je n'ai fait qu'une seule faute. » Personne ne sut ce qu'il voulut dire, mais peut-être regrettait-il d'avoir désigné son jeune frère Domitien comme son héritier et son successeur. Ce dernier prouva, une fois de plus, que le régime dynastique était mauvais. Il ne possédait en effet ni la sagesse de son père Vespasien ni l'expérience de son frère Titus.

Domitien était bien décidé à apposer sa marque sur l'Empire. Il essaya tout d'abord de s'acheter une popularité en finançant des jeux magnifiques pour le peuple de Rome. Il gagna aussi le soutien de l'armée en augmentant les soldes. Il restaura et construisit plus de temples que tout autre empereur après Auguste. Il se fit également bâtir un superbe palais sur le mont Palatin. Un peu partout, on éleva des monuments et des statues à son effigie. Mais tout cela était financé grâce à l'extorsion de fonds auprès de riches citoyens et d'autres groupes au sein de l'Empire (il fit notamment payer de très lourds impôts aux Juifs). Malgré tous ses défauts, Domitien ne négligea pas les affaires

politique, et prit certaines de ses tâches très au sérieux. Il s'opposa par exemple aux mœurs dissolues de nombreux citoyens et édicta de nouvelles lois à ce sujet. Mais il devint très arrogant envers ses sujets et aimait qu'on l'appelle « *dominus et deus* », soit « seigneur et dieu ». Or, même si un empereur recevait le titre de « *divus* » (« divin ») à sa mort, les Romains détestaient l'idée de devoir vénérer un dirigeant vivant. Ce fut d'ailleurs l'une des raisons pour lesquelles Caligula avait tant été honni.

Ce sont les suspicions de Domitien à propos de son entourage qui contribuèrent à sa chute : il ordonna l'exécution de nombreux sénateurs et en exila bien d'autres encore. Il s'en prit également aux membres de la famille royale. Il finit assassiné par des tueurs semble-t-il engagés par sa femme Domitie. On dit que seuls les soldats portèrent le deuil. Son règne avait duré quinze ans et, à sa mort, en 95, la dynastie flavienne prit fin.

TYRAN SUSPICIEUX
Considéré comme un tyran malgré son efficacité, Domitien devint de moins en moins populaire. Sa persécution des chrétiens et des Juifs fut brutale. Il exécuta même des membres de sa propre famille.

CHAPITRE SEPT

Les *cinq grands* empereurs

Après le règne tourmenté de Domitien, le Sénat porta au pouvoir l'un de ses anciens, Nerva. Il fut le premier de ceux qu'on surnomme les « cinq grands empereurs ». Ces dirigeants justes et sages surent ramener le calme au sein de l'Empire romain.

NERVA ÉTAIT UN HOMME patient et généreux. Il accéda au pouvoir à soixante et un ans – un âge plutôt élevé pour l'époque. Sans descendance, il fut le premier à adopter son successeur plutôt que de choisir un parent. En 97, il prit donc pour fils et héritier Trajan, un héros populaire qui avait le soutien du peuple et de l'armée.

Né dans la ville d'Italica, au sud de l'Espagne, connu pour son courage et sa loyauté, il était commandant des trois légions de Haute-Germanie. Lorsque Nerva, après deux ans de règne, mourut d'une fièvre, Trajan, alors âgé d'une quarantaine d'années, était prêt à prendre le pouvoir. Mais il ne se précipita pas à Rome et resta en Germanie, inspectant les frontières et les troupes. Il ne revint dans la capitale que deux ans plus tard environ, à la fin de l'été 99, à pied, se mêlant à la foule et embrassant les sénateurs.

◀ Le dôme du Panthéon, à Rome

On décrit souvent Trajan comme le plus grand de tous les empereurs romains – et son règne démontra qu'un tel régime pouvait très bien fonctionner quand il était placé entre de bonnes mains.

Trajan fut l'un des commandants à avoir remporté le plus grand nombre de victoires de toute l'histoire romaine. Les guerres occupèrent une grande partie de son temps et il passa plus de la moitié de son règne hors de la capitale. Sa grande victoire fut la conquête, en 106, d'une vaste région montagneuse au nord du Danube, la Dacie, qui correspond à peu près à la Roumanie actuelle. Trajan célébra sa victoire en érigeant une colonne de trente mètres de haut sur laquelle fut représenté un panorama de ses batailles et de ses conquêtes. On y trouve en tout quelque deux mille cinq cents personnages, sculptés sur une frise qui s'enroule en spirale tout le long de la colonne. Si on la mettait à plat, cette frise mesurerait deux cent dix mètres de long ! La colonne de Trajan est, encore aujourd'hui, l'un des chefs-d'œuvre de l'art romain et présente un tableau très vivant des manœuvres de l'armée.

NERVA
Les historiens décrivent Nerva comme un vieil homme faible et porté sur la boisson. Il fut cependant sage et juste. Il fut le premier à choisir les empereurs d'après leur talent et non leur naissance.

L'empereur Trajan utilisa le butin de la Dacie pour financer la construction de bâtiments magnifiques à Rome.

PIÈCE IMPÉRIALE
Cette pièce représente
l'empereur Trajan, décrit
par Pline comme un
homme grand au port
noble.

MONUMENT MILITAIRE
Trajan érigea cette colonne sculptée en 106 pour commémorer
sa victoire en Dacie. La frise en spirale s'enroule le long de la
colonne. On peut encore l'admirer aujourd'hui.

Il commanda aussi des ponts, des routes,
des canaux et de nouvelles villes, ainsi qu'un
immense forum pour sa capitale, entouré de
marchés, de bibliothèques et de bains publics. Il construisit également
une grande basilique (un bâtiment public qui abritait des cours de
justice, des boutiques et des bureaux) de 85 mètres de long sur 24
de large. Les jeux qu'il organisa pour célébrer ses victoires durèrent
cent vingt-trois jours ; dix mille gladiateurs et onze mille animaux y
participèrent. On dit souvent que c'est sous Trajan que Rome retrouva
la vigueur de ses débuts.

En 114, il partit vers l'est pour mener une campagne d'extension des
frontières. Il visait l'Arménie, un royaume pris entre l'Empire romain
et l'Empire parthe (la Perse). Trajan l'annexa, puis poursuivit sa route
jusqu'en Mésopotamie (l'Irak) et prit le contrôle de tout le pays

ÉTENDUE DE L'EMPIRE EN 117
L'Empire romain atteignit son apogée
sous Trajan. Il s'étendait sur 4 000
kilomètres d'est en ouest.

Britannia

Germanie

Gaule

Espagne

Italie
■ Rome

Macédoine

Arménie

Asie Mineure

Perse

Afrique

Mer Méditerranée

Syrie

Égypte

■ **L'Empire romain en 117**

HÉRITAGE D'UN CHEF
Sous Hadrien, l'Empire romain jouit de vingt années de stabilité. Les générations suivantes considérèrent cette époque comme un âge d'or.

jusqu'au golfe Persique. C'était un exploit extraordinaire qu'aucun de ses successeurs ne put égaler. Mais ces territoires étaient trop vastes et trop lointains pour que les Romains puissent bien les contrôler, et beaucoup furent abandonnés à la mort de l'empereur. Après un règne de dix-neuf ans, Trajan mourut en 117 au cours d'une grande campagne militaire. On déposa ses cendres dans une urne en or au pied de sa célèbre colonne, à Rome.

Son successeur, Hadrien, arriva au pouvoir à quarante et un ans. Comme Trajan, il était originaire d'Italica. Gouverneur de Syrie à la mort de Trajan, il prit tout naturellement le titre d'empereur : il rentra à Rome en 118 et imposa rapidement sa volonté sur la ville et sur l'Empire. Il organisa des jeux et des combats de gladiateurs, et commença la construction du Panthéon, l'un des plus beaux monuments de la capitale impériale.

Hadrien pensait que l'Empire romain était désormais trop vaste pour pouvoir être parfaitement contrôlé. Il abandonna donc une partie des territoires conquis par Trajan et, trois ans après son accession au pouvoir, partit pour une tournée des provinces pendant quatre ans : il voulait s'assurer que ses légions étaient prêtes à faire face à un éventuel conflit et que ses frontières étaient bien gardées contre les barbares (pour les Romains, il s'agissait de tous ceux qui vivaient hors des limites de l'Empire). Il visita donc la Gaule et la

Germanie, et construisit une grande barrière entre le Danube et le Rhin. Cette immense structure défensive, faite de terre et de bois et surplombée d'une clôture de piquets de bois, faisait 485 kilomètres de long. Puis il se rendit au nord de la Britannia, où il érigea un mur de pierre de 128 kilomètres de long afin de protéger les colonies romaines contre les tribus de l'Écosse actuelle (à l'époque, la Calédonie).

Mais le pays qu'Hadrien admirait par-dessus tout était la Grèce. Il visita Athènes trois fois. Il nourrissait une passion pour sa culture et sa philosophie. Pour bien montrer son amour, il se laissa même pousser la barbe : avant lui, les empereurs étaient en général rasés de près, car le peuple de Rome associait le port de la barbe à la faiblesse et au luxe orientaux.

Hadrien fit plusieurs longs voyages et visita donc presque toutes les parties de l'Empire, supervisant les armées et renforçant les frontières. En Judée, il dut faire face à une révolte majeure de la part des Juifs : en 132, il tenta en effet de construire à Jérusalem un sanctuaire dédié à Jupiter sur le site même du temple de Salomon, détruit par Titus soixante ans plus tôt. Le lieu était sacré pour les Juifs, qui se révoltèrent, menés par Simon bar Kochba. Hadrien réprima sans pitié les émeutes : des dizaines de milliers de personnes furent tuées ou réduites en esclavage.

Le Panthéon

Hadrien voulut reconstruire le temple d'Agrippa, construit par Marc en 27 avant JC. Mais le Panthéon était en fait un bâtiment révolutionnaire : le porche d'entrée, avec ses hautes colonnes et son fronton triangulaire, était d'un style traditionnel, mais il menait à une spectaculaire chambre intérieure pavée de marbre et surplombée d'un énorme dôme de 43 mètres de diamètre. Hadrien dédia son temple à tous les dieux. Le mot « panthéon » vient du grec *pantheion* (*pan* signifiant « tout » et *theos* « dieu »).

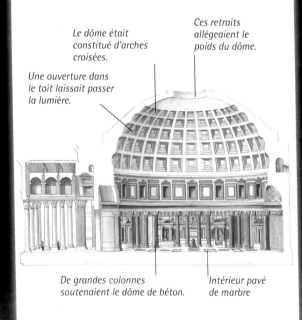

Le dôme était constitué d'arches croisées.

Ces retraits allégeaient le poids du dôme.

Une ouverture dans le toit laissait passer la lumière.

De grandes colonnes soutenaient le dôme de béton.

Intérieur pavé de marbre

SITE SACRÉ
Cette pièce d'argent, frappée par le chef juif Simon bar Kochba, représente le Temple de Jérusalem.

Durant ses séjours à Rome, Hadrien fut l'un des empereurs les plus travailleurs. Il fit passer des lois sur les impôts, le mariage et la sécurité publique. Il améliora le fonctionnement de l'Empire en créant deux départements chargés des affaires et des rapports officiels : celui qui était en charge de la partie occidentale des territoires utilisait le latin, tandis que l'autre se servait du grec, parlé par la majorité des habitants de la partie orientale. Hadrien supervisait lui-même le Sénat. Il rencontrait des ambassadeurs du monde entier et servait de juge suprême dans les affaires de justice. Il présidait aussi les jeux et tenait des audiences publiques dans son palais. Mais les meilleurs moments

de sa vie, il les passa dans sa superbe villa de Tivoli, à vingt-quatre kilomètres de Rome. Elle était composée de bâtiments baptisés d'après les lieux célèbres qu'il avait visités.

Après une période de déclin, Hadrien mourut en 138. Avant sa mort, il nomma empereur Aurélien Antoine, plus connu sous le nom d'Antonin Pie. Ce qualificatif de « pie » (« dévoué », « respectueux ») semble avoir été bien mérité : modeste, confiant et plein de compassion, il fut l'un des empereurs préférés des Romains. Son règne ne connut aucune guerre majeure, et il gouverna si bien… qu'il ne se passa

MUR D'HADRIEN
Ce mur de pierre, qui traversait le nord de la Britannia, était une affectation sinistre pour les auxiliaires qui gardaient les forts. En temps de troubles, les légionnaires montaient jusqu'au mur, mais la frontière fut la plupart du temps pacifiée.

VILLA À TIVOLI

Hadrien construisit une étonnante copie de la ville égyptienne de Canope. Il fit creuser un grand canal et importa d'Égypte des statues pour en décorer les berges. Des rangées de colonnes étaient reliées par des arches et de gracieuses cariatides (statues de femmes servant de colonnes).

presque rien. Après un règne de vingt-trois ans, il mourut paisiblement dans son lit en 161.

Son successeur, Marc Aurèle, partagea d'abord le pouvoir avec son frère adoptif, Lucius Verus. Après la mort de celui-ci, en 168, il régna seul pendant onze années. S'il avait bien été préparé à cette charge, il disait toujours qu'il aurait préféré étudier la philosophie. Ses journaux intimes font apparaître un homme réfléchi, solennel et pacifique. Mais l'ironie veut que son règne ait été marqué par des guerres âpres et quasi constantes contre les tribus barbares.

Il y eut d'abord une première guerre contre les Parthes, aux limites orientales de l'Empire, pour le contrôle de l'Arménie que se disputaient depuis longtemps les deux États. Puis plusieurs tribus germaniques venues du nord du Danube lancèrent des raids contre les frontières romaines. Ces invasions participaient d'un vaste mouvement par-delà les limites nordiques de l'Empire : les tribus et les clans s'affrontaient, mettant sous pression les marges impériales. Après une longue période de stabilité, sous Hadrien et Antonin Pie, voilà que Rome était mise à rude épreuve. Avec une patience et une détermination admirables, Marc Aurèle remplit sa mission et protégea ses territoires. Il n'appréciait pas les campagnes et les voyages incessants loin de chez lui, mais il endura les vents glacés des hivers nordiques sans broncher.

Le palais de l'Empereur

Académie (d'après le nom de l'école de Platon)

Allée bordée d'arbres

Temple de Vénus

Théâtre grec

La villa d'Hadrien

Cette reconstitution représente la villa d'Hadrien à Tivoli. Les bâtiments s'étalaient sur une vaste zone et le terrain comportait des allées ombragées plantées de cyprès et bordées de fontaines. Il fallut dix ans pour construire cette villa. Elle contenait de nombreux bâtiments inspirés des voyages de l'empereur en Grèce et en Égypte. Parmi ces merveilles, une réplique du jardin de l'Académie, où enseignait Platon.

BAINS ANTONIENS
Même si ces bains de Carthage, en Afrique du Nord, portent son nom, Antonin Pie ne voyagea pas beaucoup, contrairement à Hadrien.

MARC AURÈLE
Cette statue de bronze doré est l'une des plus belles œuvres d'art romain à avoir survécu.

Pendant ses voyages à travers l'Empire, Marc Aurèle rechercha la compagnie des sages et des philosophes, toujours prêt à apprendre et à débattre. Il rassembla ses méditations dans un livre, *Les Pensées*, dans lequel il exposa sa propre philosophie. « En tant que Marc Aurèle, je suis romain », écrivit-il par exemple,

« en tant qu'homme, je suis citoyen de l'univers ».
Et aussi : « Si un homme peut me prouver que l'une de
mes idées ou l'un de mes actes est faux, je serai heureux
de le reconnaître. Je ne cherche que la vérité, qui n'a jamais
blessé quiconque. » Le dernier des « cinq grands
empereurs » était bien un homme remarquable.

CEINTURE MILITAIRE

Voici une réplique d'une
ceinture et d'une dague de
légionnaire au temps de
Marc Aurèle. Le « tablier »
de bandes de cuir ornées
protégeait l'entrejambe.

**GUERRES
FRONTALIÈRES**

Les légionnaires romains
repoussaient sans cesse
les attaques barbares.
Marc Aurèle passa la
majeure partie de son
règne en Germanie et
dans l'est de l'Empire.

CHAPITRE HUIT

La vie quotidienne *à* Rome

Sous les cinq grands empereurs, Rome connut un siècle de paix et de stabilité. La ville avait beaucoup grandi : elle comptait plus d'un million d'habitants venus de tout l'Empire. Riches et pauvres vivaient côte à côte.

L A ROME ANTIQUE nous serait apparue sale, bruyante et délabrée. Ses dédales de petites rues sombres étaient bondés de gens. Les chaussées étaient souvent jonchées de déchets jetés par les fenêtres. Cependant, c'était bien la plus riche et la plus belle de toutes les villes. Les Romains croyaient en une architecture d'État et les empereurs firent énormément construire. On érigea de grands arcs et des colonnes de triomphe pour célébrer les victoires à travers tout l'Empire. Les constructions les plus imposantes étaient à Rome : on y trouvait les plus grands amphithéâtres, bains publics et basiliques. L'un des dix grands aqueducs qui acheminaient l'eau vers la ville faisait soixante-quatre kilomètres de long. Les monuments romains, en béton et en granit, était construits pour durer, et nombreux sont ceux qui sont encore debout aujourd'hui.

◀ Scène de rue animée à Rome

Costume romain

Seuls les citoyens romains avaient le droit de porter la toge, une lourde pièce d'étoffe en laine qu'on enroulait autour de son corps et qui retombait en drapé sur l'épaule. On la portait sur une tunique qui s'arrêtait aux genoux. Les femmes portaient une longue robe de laine ou de lin, ainsi qu'un châle, le *palla*. Hommes et femmes portaient des capes attachées à l'épaule par une broche, la fibule.

Tunique courte portée sous la toge

Les sandales gardaient les pieds au frais sous ces climats chauds.

Toge de laine ou de feutre

Stola (robe)

Palla (cape)

C'est l'argent qui permettait d'accéder au pouvoir dans la ville, même si subsistait encore l'ancienne division entre patriciens et plébéiens. Les Romains étaient très préoccupés par le statut social et les symboles hiérarchiques. Les citoyens étaient répartis en trois groupes : les sénateurs, les *equites* (descendants des premiers cavaliers romains) et le peuple. Les sénateurs portaient une large bande pourpre sur leur toge, tandis que celle des *equites* était plus étroite. Seul l'empereur pouvait se vêtir entièrement de pourpre.

Le rang social était également visible dans le placement des gens lors des spectacles. Les premières places étaient réservées aux sénateurs et aux invités étrangers officiels. Derrière eux se trouvaient les *equites*, puis les soldats citoyens. Venaient ensuite les citoyens mâles nés libres, divisés selon leur âge entre seniors et juniors, et, enfin, les citoyens « malhonnêtes », une catégorie qui comprenait les débiteurs et les fraudeurs. La catégorie la plus basse était celle des esclaves libres, des femmes et des gladiateurs.

Malgré leur rang social, les femmes romaines jouissaient d'une plus grande liberté qu'ailleurs. Celles qui étaient nées libres (dont les parents n'étaient pas esclaves) étaient citoyennes. Elles n'avaient pas tous les droits ni les devoirs des hommes (elles ne

ÉDUCATION LIMITÉE

Les femmes recevaient rarement plus qu'un enseignement de base. Les études étaient strictement réservées aux hommes qui se destinaient à une carrière au service de l'État.

MARIAGE

La plupart des mariages étaient arrangés pour des raisons financières ou politiques. Ils avaient lieu chez la jeune fille. Famille et amis y assistaient. Le marié tient un contrat écrit, tout en prenant la main de son épouse pour bien montrer qu'ils sont unis. La mariée porte une robe spéciale et un voile orange vif.

pouvaient pas voter, par exemple), mais elles avaient accès à la justice et pouvaient hériter et posséder des biens. La loi sur la famille les considérait comme les égales de leurs maris et il était facile d'obtenir le divorce. Les Romaines ne pouvaient certes pas occuper des charges officielles, mais elles pouvaient avoir une certaine influence. Selon les historiens, les femmes des familles impériales et sénatoriales étaient ainsi souvent impliquées dans les scandales et les intrigues du monde politique.

La position d'une femme dans la société dépendait du statut de son mari. Les épouses passaient leur temps à s'occuper des travaux domestiques, même si elles étaient nombreuses à posséder des esclaves. Les veuves pouvaient gérer elles-mêmes leurs biens. Même si le niveau d'éducation des femmes n'était pas très élevé, quelques-unes devenaient enseignantes et médecins. D'autres dirigeaient même leur propre affaire.

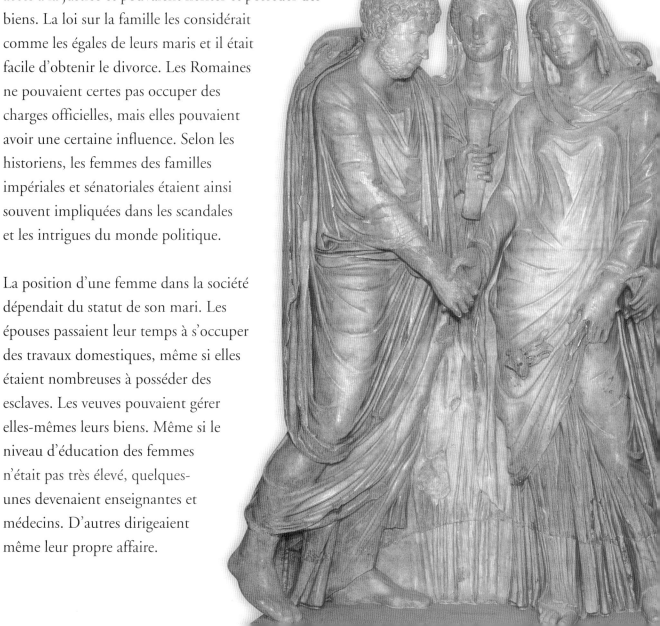

Romains et Romaines s'occupaient beaucoup de leur apparence. Les hommes allaient chez le barbier, ou *tonstrina*, presque tous les matins. On s'y retrouvait pour partager les nouvelles et les derniers ragots. Le barbier rasait ou taillait non seulement la barbe de ses clients, mais leur teignait aussi parfois les cheveux et les aspergeait de parfum. Les femmes aimaient porter des bijoux et du maquillage. On a ainsi retrouvé des trousses de maquillage, des brosses et des pinces un peu partout dans l'Empire, ainsi que des miroirs ornés et des accessoires pour les cheveux. Les plus riches avaient des coiffures élaborées : elles tiraient leurs cheveux en arrière pour en faire un chignon attaché par une épingle incrustée de bijoux ou par un filet décoratif.

La plupart des femmes savaient lire et écrire. Elles écrivaient sur de fines feuilles de bois ou sur des tablettes de cire à l'aide d'un bâton pointu, le *stylus*. Ces tablettes, que l'on plaçait entre deux planches de bois, servaient à envoyer des messages à des amis. Les hommes d'affaires écrivaient leurs lettres sur des feuilles de papyrus égyptien à l'aide de stylos en roseau.

La famille était l'unité fondamentale de la société romaine. Le père, ou *paterfamilias*, était à la tête du foyer : il avait pouvoir sur toute sa famille. Il était responsable de l'éducation des enfants, pouvait les punir comme bon lui semblait, et pouvait même les mettre à mort. Il était légal d'abandonner un nouveau-né malade dans une décharge publique pour qu'il y meure de faim ou de froid.

En tant que chef du foyer, la tâche la plus importante du père était d'accomplir les rites religieux quotidiens qui devaient protéger la famille. Ces rites remontaient aux premiers temps de la République. Par exemple, on jetait au feu un gâteau salé sacré lors du principal repas de la journée en guise d'offrande à Vesta, la déesse du foyer. Chaque maison possédait un petit autel, le *lararium*, où étaient déposés chaque matin les cadeaux aux dieux *lares* et aux *penates*. Nombreux étaient ceux qui pensaient que la vie familiale avait faibli depuis la République : il devint à la mode de se plaindre du fait que l'excès de luxe et de richesse avait anéanti les « coutumes de nos ancêtres ».

GARDIEN DE LA MAISON
Voici une statue de bronze d'un *lare*, l'esprit des ancêtres. On leur donnait les traits de garçons vêtus d'une tunique à ceinture, et portant un bol dans une main et un pichet dans l'autre.

ENCRE ET STYLOS
Les Romains écrivaient sur des feuilles de papyrus ou de *vellum* (peau très fine). Ils se servaient de stylos de bronze ou de roseau. L'encre était un mélange de suie et d'eau.

ENSEIGNANTS ESCLAVES
Un esclave grec éduqué copie une lettre pour son maître sur un papyrus. Les parents avaient parfois un tuteur grec pour leurs enfants, signe de l'estime que l'on avait pour cette culture.

CALCULATRICE ROMAINE
Les Romains se servaient de bouliers. En quelques secondes, un marchand pouvait effectuer des opérations complexes. Chaque boule représentait une unité différente.

De sept à onze ans, garçons et filles allaient à l'école primaire. Ensuite, les filles restaient à la maison pour y apprendre les travaux domestiques en vue de leur mariage. Les garçons, eux, pouvaient aller au collège. Ils ne suivaient pas des cours en vue d'une carrière spécifique, mais apprenaient à trouver leur place dans la société. On leur enseignait les bases de la grammaire et des mathématiques, et on leur faisait apprendre de la poésie par cœur pour les encourager à parler distinctement. De nombreux garçons apprenaient aussi le grec pour pouvoir lire à la fois la littérature latine et grecque. Si le fils d'un homme riche voulait faire

une carrière politique ou juridique, il était essentiel qu'il apprenne l'art oratoire (l'art de parler en public). Les enfants pauvres, quant à eux, n'allaient pas à l'école, mais devaient très tôt gagner leur vie ou soutenir leur famille.

Même si le train de vie des anciens Romains dépendait beaucoup de leurs revenus, même les citoyens les plus pauvres bénéficiaient des faveurs de l'État. Chaque mois, l'empereur donnait ainsi l'*annona* aux nécessiteux, c'est-à-dire du blé gratuit. On leur offrait aussi l'entrée aux bains et aux jeux publics. Ces jeux étaient une activité essentielle de la société : les *ludi* (courses de char, combats de gladiateurs, batailles navales reconstituées et pièces de théâtre) mobilisaient les foules. L'empereur et les sénateurs les donnaient en l'honneur d'un dieu ou pour célébrer une victoire militaire. Les gens se pressaient au champ de course, le cirque, à l'occasion d'un congé. Au IVᵉ siècle, les Romains jouissaient de cent soixante-quinze jours de jeux par an. Aucune civilisation au monde n'a jamais accordé autant de jours fériés à ses

JEUX DE HASARD
Les Romains adoraient parier sur l'issue des compétitions. Ils jetaient des dés et jouaient sur des tables en verre à des jeux semblables au backgammon et aux dames.

LA VIE D'UN GARÇON
Cette sculpture provient d'un sarcophage et représente les différentes étapes de la vie d'un garçon, de sa petite enfance à l'âge auquel il récite ses leçons à son père. Au milieu, on le voit sur un char tiré par un âne.

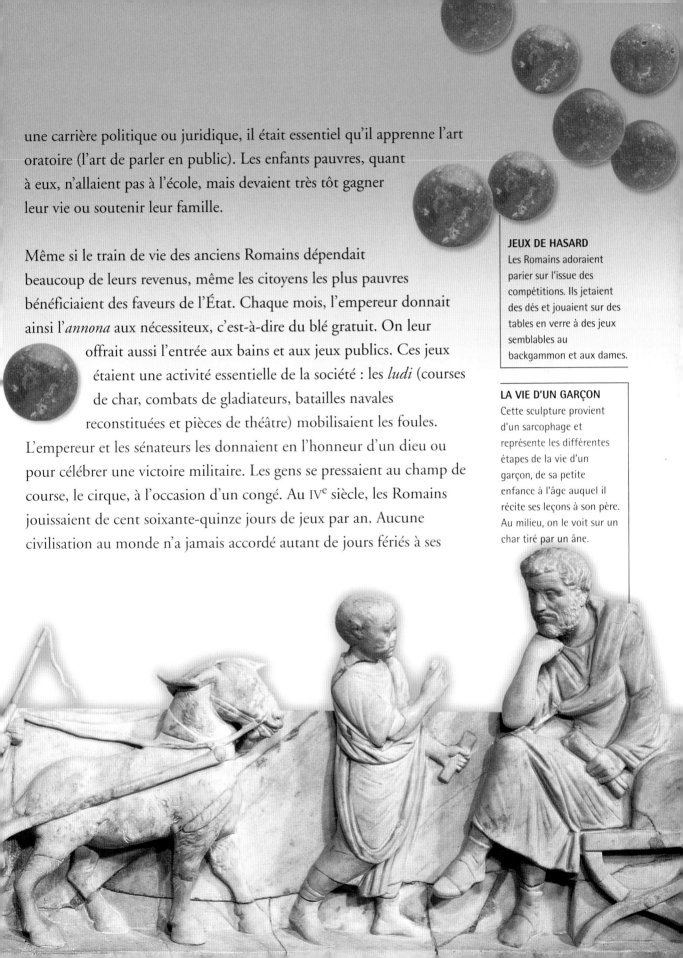

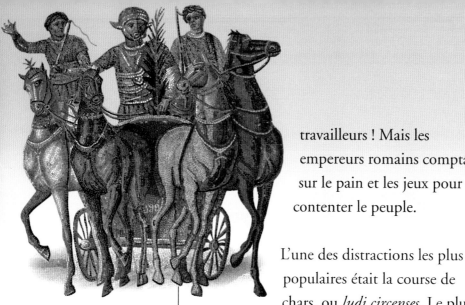

travailleurs ! Mais les empereurs romains comptaient sur le pain et les jeux pour contenter le peuple.

L'une des distractions les plus populaires était la course de chars, ou *ludi circenses*. Le plus grand champ de courses, le cirque Maxime, à Rome, pouvait accueillir deux cent soixante mille spectateurs : c'était la plus grande arène publique du monde. Douze chars prenaient part à chaque course. Ils appartenaient à quatre équipes : les bleus, les rouges, les verts et les blancs. Chaque équipe avait ses fidèles supporters. On affichait les images des meilleurs conducteurs de char partout dans la ville, et ils furent nombreux à devenir très riches.

Les combats de gladiateurs qui s'affrontaient sauvagement au corps à corps dans l'amphithéâtre

JOUER AVEC LA MORT

Sur le champ de courses, les chars allaient à vive allure et les auriges avaient besoin de toute leur force et de tout leur talent pour contrôler leurs chevaux dans les virages serrés. Les supporters allaient jusqu'à enterrer des objets maléfiques à côté de la piste pour causer des accidents ciblés.

CHAR DE COURSE

Les chars étaient légers pour augmenter leur vitesse. Voici un modèle de *quadriga*, tiré par quatre chevaux. Les *bigae* étaient tirés par deux chevaux. Les auriges nouaient les rênes autour de leurs reins. Ils avaient un couteau pour pouvoir les trancher en cas d'accident.

constituaient la principale attraction. Il s'agissait généralement de prisonniers, d'esclaves ou de criminels. Ils avaient toutes sortes d'armes : certains étaient munis d'épées, de boucliers et de casques, tandis que d'autres avaient des tridents et des filets. Avant les combats, ils paradaient tout autour de l'arène et s'arrêtaient devant la loge de l'empereur. Ils criaient alors : « *Ave*, César, ceux qui vont mourir te saluent ! »

La foule faisait des paris sur l'issue des combats et hurlait pour signifier son soutien ou sa désapprobation. Lorsqu'un gladiateur tombait sur le sable, agonisant, on l'achevait d'un

TUER OU SE FAIRE TUER
Les gladiateurs s'affrontaient dans des duels féroces jusqu'à ce que l'un d'eux soit tué ou forcé de demander grâce. L'issue du combat revenait à l'empereur, assis au premier rang.

Gladiateurs

Il y avait au moins seize catégories de gladiateurs, du thrax, lourdement armé et qui portait une épée courte et courbe, au *retiarius* (rétiaire), muni d'un filet. Ils remportaient la victoire en trompant l'ennemi plutôt que par la force. Ils avaient une alimentation spéciale, à base de haricots bouillis et de seigle, pour les rendre plus costauds. Les organisateurs donnaient des noms spécifiques aux meilleurs combattants, comme Pugnax (« Fauteur de troubles ») ou Tigris (« Tigre »).

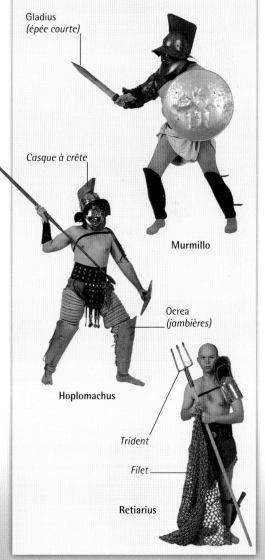

Gladius
(épée courte)

Casque à crête

Murmillo

Ocrea
(jambières)

Hoplomachus

Trident

Filet

Retiarius

CASQUE PROTECTEUR
L'armure des gladiateurs était conçue pour le spectacle. Ce casque protégeait la tête des coups d'épée, mais limitait le champ de vision.

coup de maillet sur la tête. Mais, s'il avait combattu vaillamment, la foule criait pour qu'on l'épargne. L'arène devait parfois être jonchée de cadavres, mais les gladiateurs étaient des professionnels entraînés pour plaire à la foule. Si la mort était probable, elle n'était pas forcément inévitable : les victoires pouvaient apporter la renommée, la fortune et la liberté. De nombreux gladiateurs retournaient ainsi au combat jusqu'à ce qu'ils soient riches et puissent enfin prendre

SPECTACLES BARBARES
On expédiait des animaux exotiques de tous les coins de l'Empire. Lors des jeux donnés en l'honneur de Trajan après sa victoire en Dacie, 11 000 bêtes furent massacrées.

leur retraite. Les gladiateurs affranchis montaient même souvent leurs propres écoles.

Beaucoup de jeux publics étaient des spectacles barbares. Par exemple, à l'occasion de la reconstitution d'une bataille navale – un divertissement tant prisé par les empereurs –, vingt mille condamnés furent forcés de se battre les uns contre les autres : il y eut plus de victimes que lors de la véritable bataille ! La foule accourait aussi voir les chasses sanguinaires du Colisée. En 80, quelque cinq mille animaux furent massacrés en un seul après-midi pour célébrer l'inauguration de l'amphithéâtre. Les animaux étaient traqués par des meutes de chiens et des hommes armés de javelots et de lances. Les chasseurs *(venatores)* étaient souvent des prisonniers de guerre ou des criminels condamnés à mort. Ils ne bénéficiaient d'aucune protection. Les animaux exotiques étaient en forte demande pour ces spectacles – lions, tigres, léopards, crocodiles, rhinocéros et même autruches. Les Romains sont d'ailleurs à l'origine de l'extinction des éléphants en Afrique du Nord.

Ils avaient de nombreux loisirs. Ils pouvaient jouer à des jeux, écouter de la musique ou aller au théâtre – une idée qu'ils empruntèrent aux Grecs. Les premières pièces de théâtre romaines étaient des traductions de pièces grecques. Puis des dramaturges comme Plaute ou Térence écrivirent des histoires originales. Leurs comédies, qui en général avaient la préférence du public, furent populaires au IIe siècle avant JC. Ces premiers spectacles furent donnés dans des théâtres en bois, remplacés par la suite par des bâtiments en pierre. Comme ces lieux étaient souvent vastes, les acteurs portaient des masques pour permettre au public de reconnaître les différents types de personnages : comique ou tragique, homme ou femme, jeune ou vieux. Les personnages masculins portaient par exemple des masques bruns, tandis que les féminins en portaient des blancs. Mais, sous les masques, il n'y avait que des hommes.

AU THÉÂTRE
Cette mosaïque représente un groupe de comédiens qui se préparent pour une pièce. Deux acteurs revoient leurs pas de danse. Un autre enfile son costume. Un musicien joue de la double flûte.

SOURCES CHAUDES
La source chaude de Bath, en Britannia, servait de cure thermale aux Romains. Les malades venaient de tout le pays pour s'y baigner en espérant qu'elle les guérirait.

L'après-midi, de nombreux Romains se rendaient aux bains publics où ils se débarrassaient de la crasse de la

ACCESSOIRES DE BAIN

Les Romains n'avaient pas de savon. Ils se frottaient le corps avec de l'huile d'olive conservée dans des flasques comme celle-ci. Ils utilisaient des instruments incurvés, les strigils, pour racler l'huile et se débarrasser de la crasse de la ville.

Chauffer les bains

Les bains publics étaient chauffés par un système baptisé « hypocauste ». Une fournaise souterraine alimentée par des esclaves envoyait de l'air chaud sous le sol et à travers les interstices ménagés entre les carrelages muraux. Pour permettre à la chaleur de circuler, les sols étaient montés sur des piliers de briques. L'eau de la chaudière était acheminée vers les bains par un système de tuyaux.

Dans les pièces à chaleur sèche, l'air passait sous le sol et à travers les murs puis s'échappait par des cheminées au plafond. Les murs et les sols étaient si chauds qu'il fallait portait des sabots de bois pour ne pas se brûler les pieds.

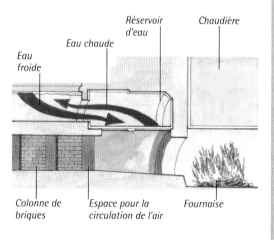

Eau froide
Eau chaude
Réservoir d'eau
Chaudière
Colonne de briques
Espace pour la circulation de l'air
Fournaise

ville et bavardaient avec des amis. Les bains ouvraient à midi. Riches et pauvres, patriciens et plébéiens s'y pressaient. Il s'agissait de grands bâtiments très élaborés. Au centre se trouvait la pièce froide, le *frigidarium*, un hall de marbre creusé de bassins d'eau froide à chaque coin. On quittait le *frigidarium* pour pénétrer dans une enfilade de pièces de plus en plus chaudes. La chaleur était soit sèche, comme dans un sauna, soit humide, comme dans un bain turc. Il y avait aussi des bassins d'eau chaude où l'on pouvait se baigner.

Les bains n'étaient pas uniquement des lieux de toilette. C'étaient des centres sociaux très animés où les gens discutaient, faisaient de l'exercice, jouaient, concluaient des affaires, se faisaient couper les cheveux ou épiler les jambes. Hommes et femmes (accompagnées des enfants) se baignaient à des heures et parfois dans des lieux séparés. En arrivant, les gens laissaient leurs vêtements au vestiaire, puis se déplaçaient de pièce en pièce, suant, se rafraîchissant et plongeant dans les bassins. Ils pouvaient acheter de la nourriture ou des boissons chaudes, étendus sur les bancs de marbre en attendant qu'un esclave vienne les masser. Les bains comportaient parfois une bibliothèque, et il y avait même des expositions d'art dans les halls décorés. On estime qu'il y avait plus de mille lieux de ce type à Rome, dont le plus grand,

les Bains de Dioclétien, couvrait treize hectares.

En rentrant chez eux, les gens traversaient des rues bondées de boutiques et de marchés. On y trouvait des cavistes et des restaurants de toutes sortes, mais aussi des boulangers, des barbiers, des cordonniers, des teinturiers, des épiceries et des lieux où l'on pouvait manger sur le pouce. Les magasins s'ouvraient directement sur la rue, et on préparait les mets derrière. Sur les marchés en plein air, on vendait des légumes, de la viande, du poisson et du blé. Il semble que la tradition voulût que ce soit les hommes qui fassent les courses. Dans les familles les plus riches, ce sont les esclaves qui s'en chargeaient. Les boutiques ouvraient tôt et fermaient tard, avec une pause dans l'après-midi. À la fin de la journée, les propriétaires fermaient leurs commerces en fixant de lourds volets de bois au trottoir.

Chaque jour, les Romains préparaient une sorte de purée de seigle à partir de pain et de graines. Les aliments les plus courants étaient le vin et l'huile d'olive qui servait à la cuisine et à l'éclairage. On consommait aussi des pommes, des poires, des abricots, des haricots plats, des lentilles, des pois et des navets. Le fromage et le poisson mariné, le *garum*, étaient servis lors des repas familiaux, tout comme le porc, le poulet et le lapin. Pour les

REPAS À LA MAISON
Ce plat à base de petits oiseaux, d'asperges et d'œufs de caille était servi à des hôtes de marque lors de banquets. Le poisson, le pain et les raisins étaient plus courants.

grandes occasions, on recherchait d'autres délices comme le loir, les escargots ou les petits oiseaux.

Dans les maisons les plus riches, le dîner était un repas formel qui commençait en fin d'après-midi et durait toute la soirée. Les Romains ne s'asseyaient pas à table, mais étaient étendus sur le ventre ou sur le côté sur des couches, se servant sur une table basse placée devant eux. Le dîner commençait généralement par des œufs ou du poisson et du vin au miel, le *gustatio*. Puis suivaient la *prima cena* (plat principal), du poisson et de la viande accompagnés de légumes, et la *seconda cena*, c'est-à-dire le dessert et les fruits. On mélangeait généralement le vin à l'eau. Il n'y avait pas de couverts : on mangeait avec les doigts et les esclaves se tenaient non loin des convives avec des bassines d'eau et des serviettes. À la fin du repas, il était de bon ton de roter et, lors des grands banquets, certains invités se chatouillaient le fond de la gorge

LA MAISON DU FAUNE
Cette maison de Pompéi fut ainsi baptisée à cause de la statue du faune dansant qui se trouve au centre du bassin ornemental. Ce grand *domus* (maison de ville) romain couvrait toute une *insula* (pâté de maison), soit 3 000 mètres carrés.

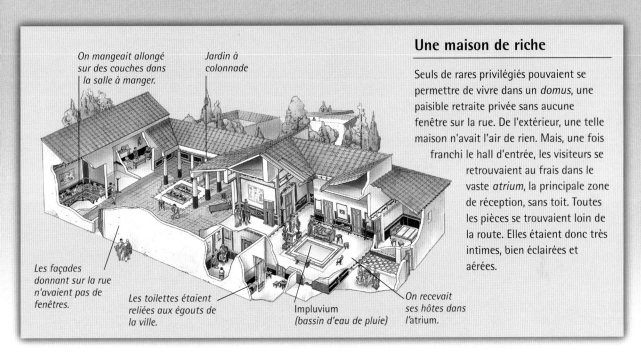

Une maison de riche

On mangeait allongé sur des couches dans la salle à manger.

Jardin à colonnade

Seuls de rares privilégiés pouvaient se permettre de vivre dans un *domus*, une paisible retraite privée sans aucune fenêtre sur la rue. De l'extérieur, une telle maison n'avait l'air de rien. Mais, une fois franchi le hall d'entrée, les visiteurs se retrouvaient au frais dans le vaste *atrium*, la principale zone de réception, sans toit. Toutes les pièces se trouvaient loin de la route. Elles étaient donc très intimes, bien éclairées et aérées.

Les façades donnant sur la rue n'avaient pas de fenêtres.

Les toilettes étaient reliées aux égouts de la ville.

Impluvium (bassin d'eau de pluie)

On recevait ses hôtes dans l'atrium.

avec une plume pour se faire vomir : ils recommençaient alors à manger avec un appétit retrouvé. Entre les plats, les hôtes écoutaient des poètes et des musiciens et regardaient des magiciens.

Les plus riches vivaient dans de vastes maisons de ville construites autour d'un jardin à colonnade, le *peristylium*, planté de buissons et de fleurs. Toutes les pièces donnaient sur ce jardin. On entrait dans la maison par le *vestibulum* qui menait à la salle de réception, l'*atrium*, où se trouvaient les statues des dieux protecteurs de la maison. Le toit de l'*atrium* était ouvert au centre pour laisser entrer la lumière et l'air. Les quatre toits de la maison étaient inclinés vers l'intérieur pour que l'eau de pluie ruisselle

SOLS EN MOSAÏQUE

Les sols intérieurs étaient décorés de mosaïques faites de petits cubes de pierre, les *terrerae*. Des artisans talentueux travaillaient à partir de dessins, enfonçant de petits morceaux de pierre ou de verre dans du plâtre humide pour produire une image.

VERRERIE

Un vase en camée aussi cher que celui-ci aurait eu la place d'honneur dans la maison. On taillait le verre blanc sur fond de verre bleu pour faire ressortir les motifs.

jusqu'à l'*impluvium*, un bassin ornemental qui se trouvait au milieu. Il y avait aussi une salle à manger, le *triclinium*, et diverses chambres, les *cubicula*. La petite cuisine comportait un évier et un four ; les esclaves y préparaient les repas. La plupart des maisons riches possédaient des toilettes et une chasse d'eau utilisant les eaux usées de la cuisine. Il n'y avait pas beaucoup de meubles (si ce n'est des couches, des chaises et des tables), mais les intérieurs étaient élégants. Les plus belles pièces de la maison possédaient des mosaïques élaborées au sol et des plafonds et des murs peints.

Si certains avaient un niveau de vie élevé, ce n'était pas le cas de tout le monde. Les historiens estiment ainsi qu'entre un tiers et la moitié de la population dépendaient de l'aumône publique. L'espérance de vie moyenne était de vingt-cinq ans, et nombreux étaient ceux qui mouraient pendant leur petite enfance. Certains devenaient vieux, mais la mort survenait souvent subitement : la malnutrition affaiblissait les défenses immunitaires et des épidémies de typhus, de malaria, de choléra et de pneumonie se répandaient rapidement dans la ville, du fait des égouts bouchés ou de la surpopulation.

DOCTEUR ET PATIENT
Seuls les riches pouvaient se payer un médecin. Les moins fortunés portaient des amulettes. S'ils tombaient malades, ils se rendaient au temple d'Esculape, dieu de la médecine.

Les pauvres vivaient pressés les uns contre les autres dans de grands immeubles, les *insulae*, qui comportaient peu de lumière ou d'air. Les boutiques et les ateliers se trouvaient au rez-de-chaussée. Les six ou sept étages du dessus étaient divisés en appartements, eux-mêmes subdivisés pour pouvoir accueillir plus de monde. Il arrivait ainsi que toute une famille se serre dans une seule pièce. Il n'y avait ni chauffage ni eau courante : il fallait aller chercher l'eau aux

fontaines les plus proches. La plupart des appartements n'avaient pas de toilettes. Les gens utilisaient donc des *foricae*, des toilettes publiques dans la rue. Il s'agissait de longs bancs de marbre creusés de sièges ouverts au-dessus d'une tranchée. On les nettoyaient à grande eau de temps à autre. Les égouts déversaient les ordures directement dans le Tibre. La ville devait sentir particulièrement mauvais – notamment en été, lorsque le fleuve entrait en crue.

À Rome, la circulation des véhicules à roues était interdite pendant la journée, du fait de la surpopulation. Pendant la nuit, les rues de la ville étaient donc pleines de chariots qui apportaient provisions et fournitures et emportaient les déchets. Le bruit était assourdissant. L'odeur de la nourriture qui se mêlait à celle des poubelles était épouvantable. Loin des principales artères, les rues étaient sombres et souvent dangereuses. Un poète romain, Juvénal, nota même que personne ne devait se rendre à un dîner sans avoir auparavant écrit son testament tant les risques de se faire renverser par un chariot ou poignarder par un voleur étaient grands. Il devait en effet être très dangereux de vivre à Rome.

FONTAINE PUBLIQUE
Grâce au réseau d'aqueducs, des millions de litres d'eau affluaient quotidiennement à Rome pour fournir les fontaines et les bains.

ENTASSÉS
Cette maquette représente un immeuble, ou *insula*, où vivaient la plupart des Romains. Souvent mal construits et bondés, ils s'effondraient parfois sous le poids des habitants.

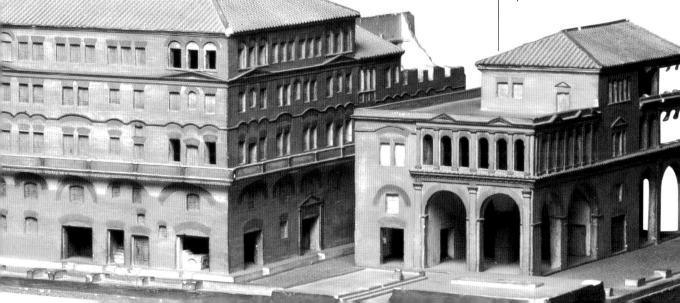

CHAPITRE NEUF

Le monde *des* Romains

Au sommet de sa puissance, l'Empire romain s'étendait de la Britannia au nord à l'Égypte au sud, et du Portugal à l'ouest aux côtes de la mer Noire à l'est. C'était le plus grand ensemble que le monde ait jamais connu.

LES ROMAINS divisèrent les terres conquises en provinces ; leurs habitants étaient donc des provinciaux. À la tête de chacune d'entre elles, un gouverneur romain, généralement nommé pour une durée maximale de trois ans : les provinces impériales étaient dirigées par des gouverneurs désignés par l'empereur, et les sénatoriales par des gouverneurs nommés par le Sénat. Les jeunes aristocrates ambitieux espéraient bien, au cours de leur carrière, obtenir un tel poste. Aux premiers temps de la République, les gouverneurs n'étaient pas rémunérés. Certains devinrent alors corrompus, acceptant des pots-de-vin et détournant les impôts. Sous Auguste, ils reçurent enfin un salaire, et on leur dépêcha des fonctionnaires chargés de les surveiller. Lorsqu'ils faisaient la conquête d'un nouveau territoire, les Romains construisaient un réseau de routes. Dans les provinces orientales de Syrie

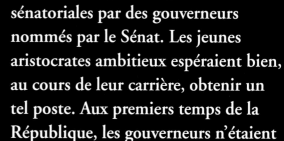

◀ Statue du dieu perse Mithras

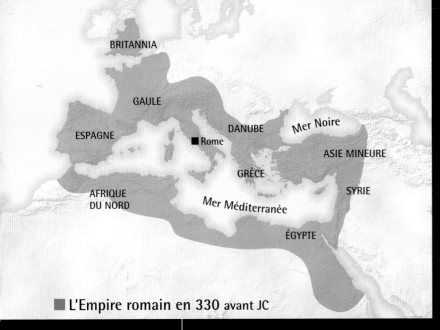

L'Empire romain en 330 avant JC

et d'Asie Mineure, de nombreuses villes dataient déjà de plusieurs siècles. Mais dans les parties occidentales de l'Empire, comme en Gaule ou en Britannia, de nouvelles cités furent créées, autour de campements de légionnaires ou à des croisements de routes ou de rivières. Parmi celles qui, en Europe, devinrent de grandes villes, on compte Paris, Londres, Vienne, Bonn, Budapest et Belgrade.

Ces nouvelles cités étaient bâties selon un plan quadrillé de rues pavées, avec des forums et des basiliques, des bains et des temples, des théâtres et des aqueducs. Les Romains pensaient qu'ils apportaient la civilisation à un monde de barbares. Partout où ils le purent, ils intégrèrent les chefs locaux à leur système de gouvernement, leur conférant le contrôle des affaires locales, telle la maintenance des routes ou du réseau de distribution de l'eau. Avec le temps, des communautés entières reçurent la citoyenneté romaine, ce qui

L'EMPIRE ROMAIN
Entre 60 et 80 millions de gens vivaient au sein de l'Empire. Tous les territoires étaient reliés à Rome par voie terrestre, fluviale ou maritime.

LIQUIDITÉS
Des locataires remettent des piles de pièces de monnaie à leurs propriétaires. Les pièces étaient utilisées pour payer l'impôt en liquide.

contribua à la stabilité de l'Empire. Par exemple, tout homme qui servait dans l'armée de Rome devenait citoyen à la fin de son service. Enfin, en 212, on étendit la citoyenneté à tous les hommes et toutes les femmes libres de l'Empire.

L'Empire formait un assemblage de territoires largement autonomes. Le latin était la langue officielle et de nombreuses provinces adoptèrent les coutumes et le droit des conquérants. Même si la vie des paysans provinciaux changea très peu, de nombreux riches imitèrent leur mode de vie : ils se rendaient aux jeux et portaient même parfois la toge. Les habitants des provinces conquises étaient libres d'adorer leurs propres divinités tant qu'ils n'offensaient pas les dieux protecteurs de l'État romain. Chaque ville possédait des temples qui leur étaient dédiés, mais de nombreux autres cultes religieux cohabitaient. L'un des plus populaires était dédié à Mithras, le dieu du soleil des Perses. Ses fidèles se réunissaient dans des temples souterrains secrets pour exécuter des rites au cours desquels ils sacrifiaient un taureau et entraient en transe. L'Empire dépendait de sa puissance militaire pour assurer sa défense, mais il prospérait grâce au

ROME À L'ÉTRANGER
Le style architectural romain s'étendit à tout l'Empire. Le théâtre d'Orange, dans le sud de la France, est l'un des plus beaux bâtiments romains du nord des Alpes. Les rangées de sièges arrondis pouvaient accueillir 9 000 spectateurs.

VIE MILITAIRE
Il y avait de nombreux soldats en Britannia. Pour passer le temps, ils jouaient aux dés. On a retrouvé ce gobelet et ces dés à Londres.

NAVIRES MARCHANDS

Ces bateaux avaient des cales profondes et ventrues pour recevoir de grosses cargaisons. Ils étaient propulsés grâce à deux voiles carrées qui ne servaient que par vent arrière.

GOÛTS ÉPICÉS

Les provinces orientales exportaient des épices à travers l'Empire. Le poivre était la plus commune, mais les Romains utilisaient aussi de la cardamome, des clous de girofle, du safran et de la coriandre.

commerce. L'armée consommait énormément de matériaux comme, pour les armures et les armes, le cuir et le métal. Rien qu'en Britannia, par exemple, on tuait chaque année douze mille veaux pour récupérer leurs peaux, destinées à la fabrication des tentes des soldats. Dans tout l'Empire émergèrent de nombreux villages qui fournissaient ainsi les armées.

Des denrées comme le poisson mariné ou l'huile d'olive circulaient dans tout l'Empire dans des jarres en terre cuite, les amphores. Le lin d'Espagne était exporté jusqu'en Orient, tandis que la verroterie syrienne était expédiée par bateau jusqu'en Britannia. L'encens venait d'Arabie, l'ambre de la Baltique. C'était une économie internationale. Les voies commerciales s'étendaient même jusqu'en Inde et en Chine pour pouvoir satisfaire le goût romain

pour les produits de luxe comme la soie, les épices et les parfums.
Des caravanes de chameaux transportaient les biens depuis ces
contrées lointaines jusqu'aux ports où les attendaient d'immenses
navires marchands.

Presque tout convergeait vers Rome. Les navires marchands mouillaient
dans les docks d'Ostie, le port de la ville, et des équipes de marins
déchargeaient les bateaux dans de grands entrepôts. On remorquait
ensuite les marchandises sur des barges le long du Tibre pour les
distribuer aux usines, aux grossistes et aux boutiques dans toute la ville.
Les joailliers, les cordonniers, les charpentiers, les forgerons et les
brodeurs dépendaient de ce réseau complexe d'échanges.

Les Romains possédaient des raffineries pour l'huile d'olive et
des usines où l'on fabriquait de la vaisselle en terre cuite et des
jarres : un énorme saladier pouvait contenir presque quarante-
cinq mille litres ! Ils apprirent à faire du béton et furent
pionniers dans l'art du verre soufflé. Ils se
servaient de la force hydraulique pour
moudre le grain et exploiter les
carrières d'étain, de cuivre et de plomb.
Des scientifiques d'aujourd'hui ont trouvé
des traces de pollution atmosphérique
datant de l'époque romaine : on pense

IVOIRE

Les Romains se servaient
de l'ivoire pour décorer
leurs meubles et leurs
bijoux. On l'envoyait
depuis l'Afrique centrale
par la mer Rouge. On
importait aussi des
éléphants pour les jeux
du cirque.

POTS CASSÉS

L'huile d'olive s'infiltrait
dans les amphores et
devenait rance. C'est
pourquoi on les brisait
après usage.

Une pente transversale permettait à l'eau de ruisseler.

Le superviseur utilisait un groma pour vérifier que la route était droite.

Construction d'une route

Les soldats romains construisirent la majeure partie du réseau de routes pour permettre à l'armée de se déplacer rapidement. Par la suite, les marchands se servirent de ces voies pour acheminer leurs produits de ville en ville. On commençait par creuser une grande tranchée, puis on posait une bordure avant de combler la tranchée de plusieurs couches de pierres, de graviers et de sable. Les routes principales comportaient une dernière couche de gros pavés. On creusait des fossés de part et d'autre pour éviter les inondations.

qu'elle provenait des milliers d'ateliers et de fonderies de métal.

Mais le secteur économique le plus important était celui de l'agriculture. Dans les zones les plus chaudes et les plus sèches de l'Empire, les vignes et les oliviers constituaient les principales cultures, ainsi que les céréales comme le blé, l'orge et le seigle. Les animaux de ferme tels que les moutons, les cochons ou les chèvres fournissaient de la viande, du lait et de la laine. Aux premiers temps de la République, les fermiers travaillaient à leur propre compte, vivant très modestement. Puis les terres furent rassemblées en grands domaines appartenant à de riches Romains. Généralement autosuffisants, ils produisaient leur propre nourriture et leur propre vin, et possédaient leurs boulangeries et leurs bains. Le fermier général du domaine gérait les affaires et dirigeait les esclaves.

LES MOISSONS
On se servait de faucilles en fer pour récolter le blé. Les esclaves faisaient la plus grande partie du travail.

Pour ces derniers, la vie était courte et sinistre. Ils étaient nombreux à travailler enchaînés, portant des colliers de fer, tels des chiens, sur lesquels figurait le nom de leur maître. Ils n'avaient aucun droit : ils étaient la propriété de l'homme qui les employait. Les moins chanceux travaillaient aux mines, où ils devaient se faufiler dans des tunnels pour extraire des métaux précieux. Leur espérance de vie moyenne était de vingt et un ans.

Le traitement des esclaves fut particulièrement dur sous la République – ce fut le temps des révoltes, comme celle menée par Spartacus. Il se fit plus humain sous l'Empire. Les Romains étaient même célèbres pour leur empressement à libérer les esclaves et à en faire des citoyens : ils les affranchissaient souvent dans leurs testaments. Nombreux étaient ceux qui savaient lire et écrire, et certains d'entre eux devinrent même fermiers généraux, ou encore assistants d'hommes d'affaires. Une fois libres, ceux qui étaient éduqués pouvaient devenir médecins ou enseignants, et leurs enfants devenaient automatiquement des citoyens romains.

Leur nombre diminua lorsque Rome cessa de conquérir de nouveaux territoires, faisant ainsi moins de prisonniers de guerre. À la fin de l'Empire, des hommes libres accomplissaient les travaux autrefois dévolus aux esclaves. La société devint de plus en plus mixte. On raconte par exemple cette histoire d'un sénateur romain à qui l'on reprocha d'avoir maltraité son esclave : il avait oublié qu'autrefois son propre père avait été lui aussi un esclave.

AIDE DOMESTIQUE
Les riches avaient des dizaines d'esclaves pour s'occuper de la cuisine, du nettoyage et du service. Leurs maîtres pouvaient les affranchir, mais ils pouvaient aussi, avec leurs économies, acheter leur liberté.

REMERCIEMENTS POSTHUMES
L'inscription sur ce tombeau raconte que deux esclaves affranchis, Rufus et Anthus, l'érigèrent en l'honneur de leurs propriétaires. Avant eux, leur maîtresse avait elle-même été esclave. Les affranchis n'étaient pas des citoyens, mais avaient plus de droits que les esclaves.

CHAPITRE DIX

La fin de l'Empire

Pendant plus de deux siècles, l'Empire romain connut paix et stabilité. Mais, à partir de la moitié du IIe siècle, il montra des premiers signes de faiblesse. La mort de Marc Aurèle marqua le début d'une période de guerre civile et de crise économique.

MARC AURÈLE AVAIT LAISSÉ l'Empire en bon état : les finances étaient saines et les armées contrôlaient les provinces. Lorsque son fils Commode lui succéda, en 180, l'avenir semblait donc prometteur. Commode était le premier dirigeant à succéder à son père depuis Domitien, quatre-vingts ans plus tôt.

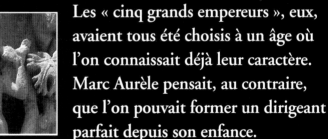

Les « cinq grands empereurs », eux, avaient tous été choisis à un âge où l'on connaissait déjà leur caractère. Marc Aurèle pensait, au contraire, que l'on pouvait former un dirigeant parfait depuis son enfance.

Commode fut donc préparé à cette charge dès ses cinq ans. Il n'avait que dix-huit ans lorsqu'il accéda au pouvoir et fut accueilli comme « le plus noble de tous les empereurs ». Mais Marc Aurèle s'était lourdement trompé : Commode se préoccupa fort peu de ses responsabilités et laissa le gouvernement à la charge de ses amis, souvent coupables de corruption.

◀ Sculpture provenant de l'Arc de Septime Sévère, à Rome

TUEUR DE LIONS
Commode s'identifiait à Hercule, guerrier et tueur de lions des légendes grecques. On voit ici l'empereur portant la peau de lion et la grande massue du demi-dieu.

Vint le temps où il ne put plus se passer des jeux publics : il dépensa des fortunes en courses de chars. Il était aussi jaloux des gladiateurs et en fit exécuter un bon nombre simplement parce qu'ils étaient excellents. Pendant les jeux de l'année 192, il décida de montrer ses propres talents dans l'arène. On dit qu'il tua cent ours avec des javelots et qu'il trancha si vite les têtes des autruches qu'elles continuaient encore à courir décapitées ! Il fit par ailleurs exécuter de nombreux sénateurs et autres personnalités de premier plan sous les prétextes les plus absurdes. Ses excès devinrent si graves que son assassinat devenait presque inévitable. On lui servit donc du vin empoisonné, qui cependant ne l'acheva pas ; alors, on l'étrangla dans son lit.

Son successeur, Pertinax, était le fils d'un ancien esclave et était devenu gouverneur de plusieurs provinces. Ses tentatives visant à renforcer la discipline dans les rangs de la garde prétorienne lui valurent d'être assassiné trois mois après son accession au pouvoir. La garde prétorienne décida alors de donner le poste au plus offrant. Ce fut Didius Julianus qui emporta les enchères. Mais il ne gouverna que soixante-six jours avant d'être tué, lui aussi. L'Empire était désormais en proie à la guerre civile. Après la mort de Pertinax, trois gouverneurs provinciaux se virent

proclamer empereurs par leurs troupes :
Septime Sévère, gouverneur de la Haute-
Pannonie (dans l'actuelle Hongrie), arriva le
premier à Rome et se déclara donc empereur.
Il combattit ses rivaux et régna pendant quinze
ans. C'était de mauvais augure : à partir de ce
moment, Rome allait être gouvernée par des
militaires qui conserveraient le pouvoir
par la force.

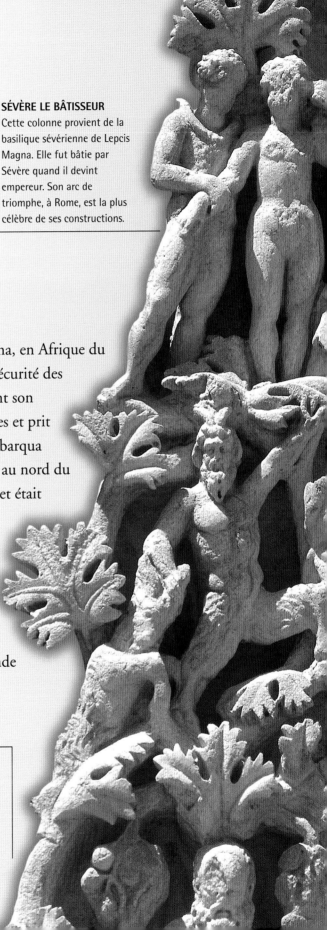

SÉVÈRE LE BÂTISSEUR
Cette colonne provient de la
basilique sévérienne de Lepcis
Magna. Elle fut bâtie par
Sévère quand il devint
empereur. Son arc de
triomphe, à Rome, est la plus
célèbre de ses constructions.

Septime Sévère était un provincial, né à Lepcis Magna, en Afrique du
Nord. Ce fut un dirigeant efficace, qui améliora la sécurité des
frontières et fit réparer de nombreuses routes. Durant son
règne, il mena une guerre victorieuse contre les Perses et prit
leur capitale, Ctésiphon. En 208, Septime Sévère débarqua
en Britannia pour réprimer les barbares qui vivaient au nord du
mur d'Hadrien. Mais il avait déjà soixante-trois ans et était
malade : il passa donc trois ans en Britannia,
entouré de sa famille, et mourut à York en 211.

Durant son règne, Septime avait augmenté le
solde des légionnaires pour la première fois depuis
84, et autorisé les simples soldats à se marier.
L'armée était le plus grand employeur et la plus grande

TUEUR D'AUTRUCHES
Cette mosaïque représente une
autruche que l'on capture pour
les jeux du cirque. Ce fut le sort
de milliers d'animaux qu'on
acheminait par bateau d'Égypte
et d'Afrique du Nord.

L'armée romaine

L'organisation de l'armée romaine avait peu changé au cours des deux siècles passés. Les soldats combattaient en lignes à un peu plus d'un mètre les uns des autres. Ils attaquaient à l'épée et au javelot, et se protégeaient grâce à leurs boucliers. Quand les premiers rangs tombaient, ils étaient remplacés par les suivants. Si une compagnie prenait la fuite, elle était « décimée », c'est-à-dire qu'un homme sur dix était battu à mort à coups de bâton. À la fin de leur service (de 20 à 25 ans), les soldats recevaient de l'argent ou un lopin de terre. L'armée savait bâtir des ponts, des bâtiments et des routes.

Un soldat transportait tout ce dont il avait besoin pour se battre et camper dans son sac à dos.

Soldat

Le porte-étendard portait l'emblème d'une centurie. Il arborait une peau de loup sur son casque.

Porte-étendard

La cavalerie était généralement composée de soldats étrangers.

Cavalier

Le clairon, ou *cornicen*, soufflait dans une longue corne recourbée pour signaler tout nouvel ordre durant une bataille.

Clairon

Une centurie comprenait dix *contubernia* (80 hommes).

Un centurion commandait une centurie.

Centurion   **Centurie**

Un tribun était un officier chargé d'aider le légat.

Tribun

Une cohorte comportait généralement six centuries (480 hommes).

Cohorte

Organisation

Sous l'Empire, les soldats étaient regroupés en légions, des unités d'environ 5 000 hommes. Chaque légion était subdivisée en centuries d'environ 80 hommes, elles-mêmes réparties en *contubernia*, des groupes de huit hommes. Les légionnaires d'un même *contubernium* partageaient la même tente et mangeaient ensemble.

Le légat était l'officier en chef de la légion.

Légat

La légion

Une légion était composée de dix cohortes. Une cohorte était un groupe de centuries. La première cohorte, *prima cohors*, était plus importante que les autres et comprenait dix centuries. Les neuf autres n'avaient que six centuries chacune. Chaque légion portait un aigle d'argent sur son étendard.

source de dépenses de l'État. Les fonds provenaient des taxes imposées aux provinces. Le temps où l'armée était entièrement composée de soldats romains était bien révolu : la plupart des soldats étaient des provinciaux, originaires des régions où leur légion était postée.

On peut dire que ces hommes symbolisaient les principales caractéristiques romaines. Efficaces et pragmatiques, déterminés et si bien organisés que le monde entier s'en émerveillait, ils tiraient des leçons de leurs victoires comme de leurs défaites. Ils détenaient le pouvoir de faire et défaire les dirigeants. Les guerres frontalières étaient désormais incessantes, tandis que la pression barbare se faisait plus forte. Les empereurs devaient donc être avant tout de bons soldats. Et, s'ils ne remportaient pas de victoires ou perdaient le soutien de leurs troupes, ils ne restaient pas longtemps au pouvoir.

À la mort de Septime, ses deux fils se partagèrent le pouvoir. Cet arrangement prit fin lorsque Caracalla, l'aîné, assassina son frère Geta après dix mois de règne. Puis il lança une campagne de terreur contre les partisans de ce dernier : vingt mille personnes furent tuées sur ses ordres. Ce n'était pas un très bon début ! Son vrai nom était Marc Aurèle Antoine, mais il devait ce nom de Caracalla au manteau à capuche qu'il portait. Comme son père, c'était l'empereur des soldats ; il augmenta leur salaire et récompensa généreusement les vétérans. Mais son règne fut marqué par des guerres incessantes, et il avait la réputation d'être violent et cruel. Après six ans de pouvoir, il fut tué par un groupe de généraux en Mésopotamie. On se souvient de lui pour les grands bains qu'il fit construire à Rome, et aussi pour le décret de 212 qui fit de tous les hommes et femmes libres

LOURDES CHARGES
On avait baptisé les soldats romains « les mules de Marius » en raison de leurs lourds sacs à dos. Ils pesaient plus de 40 kilos de rations, de vêtements et d'outils pour creuser des fossés.

LES LETTRES DE VINDOLANDA
Au fort de Vindolanda, les archéologues ont découvert plus de mille lettres écrites par des soldats et des civils romains sur de fines tablettes de bois. Elles comprenaient des listes de courses et des invitations à des fêtes d'anniversaire.

de l'Empire des citoyens romains. Son véritable souhait était de lever plus de fonds grâce à des impôts plus lourds – mais cette nouvelle loi donna au peuple un sentiment d'appartenance et contribua à unir toutes les provinces.

Macrin, commandant de la garde prétorienne, lui succéda. Mais il fut tué un an plus tard lorsqu'il fit l'erreur de réduire le salaire de ses soldats. Élagabal, âgé de… quatorze ans, prit sa suite. Ce fut le plus extravagant de tous. Par sa mère, il était le grand-prêtre héréditaire du roi-soleil syrien Élagabal. Il construisit un grand temple du soleil à Rome et se dédia à ce culte aux dépens des affaires publiques. Il se maria cinq fois en trois ans et fit souvent montre de ses talents de chanteur et de danseur. Il participa aussi aux courses de chars du cirque Maxime. On dit qu'il donna une fête où l'on jeta tant de roses sur les invités que certains en moururent étouffés. Tandis qu'il paradait en public, arborant des costumes orientaux très voyants, il laissa les rênes du pouvoir à sa grand-mère. Mais les Romains étaient choqués par son comportement, et il finit par être assassiné par les soldats de la garde prétorienne, en 222. Son règne avait duré quatre ans.

Son cousin Sévère Alexandre lui succéda. Il régna durant treize ans, jusqu'à ce qu'il soit lui aussi tué au cours d'une émeute militaire, en 235. Ce fut le

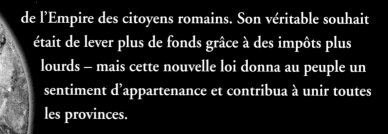

FAMILE IMPÉRIALE
Sur ce portrait de famille, on voit Septime Sévère avec sa femme et ses fils Caracalla et Geta. Après avoir assassiné son frère, Caracalla ordonna qu'on efface totalement son nom et son image.

PORTE-MONNAIE
Les soldats transportaient leur argent dans des bourses en cuir ou en bronze. Ces pièces d'or furent retrouvées en Britannia.

dernier de cette lignée à gouverner. À sa mort, l'Empire sombra dans le chaos. Pendant cette période troublée que l'on nomme l'Anarchie, il fut frappé par la peste et la famine. Quelque vingt-six empereurs régnèrent entre 235 et 284. La plupart étaient issus de l'armée, et ils moururent tous d'une mort violente (sauf un), généralement tués par leurs propres troupes.

Rome devait faire face à d'incessantes attaques à ses frontières. Les Goths, un puissant peuple germanique, traversèrent le Danube, vainquièrent et tuèrent l'empereur Dèce. Une autre tribu germanique envahit le nord de l'Italie. Puis l'empereur Valérien fut capturé alors qu'il combattait les Perses et mourut prisonnier à l'étranger. Les Perses lui farcirent le corps de paille et l'exposèrent dans un de leurs temples. Cette année-là, en 260, un général du nom de Postumus, gouverneur de la Basse-Germanie, fonda un empire dissident à l'ouest, incluant la Gaule, la Germanie, l'Espagne et la Britannia. La fin de Rome semblait proche.

Huit ans plus tard, la révolte de Postumus fut écrasée et l'Empire survécut. Mais ces événements du IIIe siècle eurent des conséquences durables. De nombreuses villes, Rome comprise, érigèrent de nouveaux murs défensifs. En Britannia et au nord de la Gaule, on bâtit des défenses le long des côtes – les forts saxons – pour stopper les raids venus de la mer. Les empereurs manquaient d'argent pour payer les armées et durent dévaluer la monnaie, générant ainsi une inflation.

ÉLAGABAL
Homme au visage immature, il aimait à s'habiller en femme et portait souvent des robes incrustées de pierres précieuses.

PHILIPPE L'ARABE
Cette pièce est à l'effigie de Philippe l'Arabe, empereur romain de Syrie. En 247, il donna des jeux spectaculaires au Colisée pour célébrer le millième anniversaire de la fondation de Rome.

RUINES À PALMYRE
Palmyre était une riche ville syrienne dotée de nombreux bâtiments romains. Ci-dessous, les ruines de son théâtre. La reine rebelle Zénobie est aujourd'hui très connue : au IIIe siècle, elle mena une révolte contre les Romains.

Dioclétien, un général à l'énergie et à la détermination remarquables, sauva la mise. Soldat né en Dalmatie (l'actuelle Croatie), il fut proclamé empereur par ses troupes en 284. Il régna pendant vingt ans – plus que tous ses prédécesseurs depuis cent cinquante ans. Sous son commandement, on renforça les défenses de l'Empire, qui retrouva un peu de sa gloire passée. Persuadé que son territoire était trop vaste pour un seul dirigeant, il le divisa en deux et, en 286, nomma co-empereur un général du nom de Maximien. Quelques années plus tard, il désigna deux autres hommes, plus jeunes, Galère et Constantin. Sous cette tétrarchie (gouvernement de quatre personnes), il divisa l'Empire en quatre parts. Dioclétien reçut la partie orientale. Par conséquent, Rome perdit sa position centrale, puisque chaque tétrarque gouvernait depuis sa propre capitale, plus proche des frontières. D'ailleurs, Dioclétien ne visita pas Rome avant la dernière année de son règne. Il instaura un nouveau culte de sa fonction : il mettait en scène ses apparitions publiques, voulait qu'on s'adresse à lui comme « seigneur et dieu » et faisait s'agenouiller et embrasser l'ourlet de ses robes toute personne qui s'approchait de lui. Il raviva aussi le culte des dieux romains afin d'unifier l'Empire et insista pour que toute personne qui aurait refusé de s'y conformer soit

déchue de l'armée ou de l'État. Comme les chrétiens refusaient de se
plier à cette règle, il mit leur religion hors la loi en 303 et commença
à les persécuter.

En 305, Dioclétien abandonna le pouvoir et se retira dans un splendide
palais qu'il s'était fait construire à Spalato (Split), sur la côte dalmate.
Il persuada Maximien de démissionner également. Les deux plus jeunes
tétrarques devinrent co-empereurs, et on désigna deux hommes
supplémentaires pour continuer la tétrarchie. Mais cet arrangement
s'effondra presque immédiatement, avec l'émergence de rivaux assoiffés
de pouvoir. Une fois encore, l'Empire fut en proie à la guerre civile. Les
troubles ne cessèrent que lorsque Constantin le Grand devint empereur
unique, en 324.

AIGLE GOTHIQUE
Les Goths se divisaient
en deux groupes : les
Wisigoths à l'ouest et
les Ostrogoths à l'est.
Forgerons talentueux, ils
fabriquaient des broches
en or serties de pierres
précieuses.

RÈGNE DES QUATRE
Ci-contre, Dioclétien et
ses trois co-empereurs.
Les tétrarques saisissent
leurs épées et se
tiennent par l'épaule
en signe d'unité.

PALAIS DE RETRAITE
Ce portique mène aux
grands appartements
privés du palais que
Dioclétien fit construire
pour sa retraite sur les
rives de l'Adriatique. Il fut
enterré dans un
magnifique mausolée.

Constantin est mieux connu pour avoir été le premier empereur chrétien. En 312, il vainquit son rival Maxence lors de la bataille du pont Milvius. On dit qu'avant le combat il vit dans le ciel la croix de Jésus portant ces mots : « Au nom de la croix, conquiers ! » À partir de ce moment-là, il favorisa la diffusion du christianisme à travers tout l'Empire. Il fut le premier à autoriser le culte du Christ et fournit plus d'argent pour construire de nouvelles églises. Mais il ne fut baptisé que sur son lit de mort, en 337. À l'exception d'un seul, tous ses successeurs furent chrétiens, et le christianisme devint finalement religion d'État. À la fin du siècle, on proscrit même tout paganisme dans l'Empire.

Constantin pensait que l'Empire devait avoir deux capitales. S'il redonna à Rome sa place centrale à l'Occident, il fit aussi construire une cité magnifique sur le port de Byzance, au bord de la mer Noire. Cette nouvelle ville, baptisée Constantinople en son honneur, était

copiée sur Rome. Mais rapidement elle devint
plus importante que sa cité-mère – on l'appelle
aujourd'hui Istanbul (en Turquie). Par ailleurs,
depuis le IIᵉ siècle, les Romains avaient subi
d'incessantes attaques au nord lancées par les
tribus germaniques. Ils désignaient celles-ci
comme des « barbares » et combattaient
ardemment pour les empêcher d'envahir leur
territoire. Constantin avait mis sur pied
plusieurs petites armées qui pouvaient se
déplacer rapidement pour faire face aux
attaques le long de la frontière, mais ces
troupes étaient beaucoup trop éloignées les unes des autres. À la fin du
IVᵉ siècle, les Huns, de féroces guerriers à cheval venus d'Asie centrale,
firent irruption non loin de la mer Noire et semèrent la panique parmi
les tribus germaniques qui vivaient là. Les Wisigoths demandèrent
l'aide des Romains et furent autorisés à s'installer à l'intérieur de
l'Empire. Ce fut une terrible erreur : en 378, ils se révoltèrent et
infligèrent une cuisante défaite à l'armée romaine orientale lors
de la bataille d'Andrinople, au nord-ouest de Constantinople.

Quelques années plus tard, les Wisigoths se révoltèrent à nouveau
contre leur chef Alaric et envahirent l'Italie à deux reprises. La
deuxième fois, en 410, ils attaquèrent Rome. Cette nouvelle fut
accueillie avec incrédulité et effroi à travers tout l'Empire. Un grand
savant, saint Jérôme, se lamenta en ces termes : « Avec une seule ville,
c'est le monde tout entier qui périt. » Mais le
pire était à venir.

La guerre civile affaiblit l'Empire à l'ouest et
les barbares envahirent la Gaule et l'Espagne.
Dès qu'une tribu germanique trouvait un

SAINTE PAIRE
Cette mosaïque du XIᵉ siècle,
provenant d'un monastère
près d'Athènes, en Grèce,
représente Constantin le
Grand avec sa mère, sainte
Hélène. Ils tiennent la croix
sur laquelle le Christ aurait
été crucifié. La légende veut
qu'Hélène l'ait découverte
lors de ses voyages en
Terre sainte.

FONDATEUR D'ÉGLISES
Constantin fonda de
nombreuses églises,
y compris l'église du
Saint-Sépulcre, sur le site
présumé du tombeau
du Christ, à Jérusalem.

SEIGNEUR VANDALE
Les Vandales admiraient les Romains et adoptèrent nombre de leurs coutumes. Cette mosaïque représente l'un de leurs seigneurs, vêtu comme un Romain.

ARC DE TRIOMPHE
Constantin construisit cet arc à Rome en 315 pour célébrer sa victoire sur Maxence. De nombreux bas-reliefs et des statues furent prélevés sur les monuments d'anciens empereurs.

endroit où s'installer, d'autres lui emboîtaient le pas. Alors que, à l'ouest, l'Empire tombait en ruine, de nouveaux royaumes germaniques émergèrent en Gaule, en Espagne et en Afrique du Nord. En 455, la tribu des Vandales, qui s'était installée en Afrique du Nord, envahit Rome et laissa la moitié de la ville détruite. Les généraux barbares prirent le contrôle de l'armée : ce fut alors le règne du chaos. La partie occidentale s'effondra définitivement lorsque le jeune empereur Romulus Augustule fut chassé d'Italie par le général germanique Odoacre, en 475.

La partie orientale (que l'on appela l'Empire byzantin), elle, prospéra pendant encore mille ans. Les empereurs de Constantinople continuèrent à se dire romains longtemps après que la langue officielle fut devenue le grec. Même s'il s'affaiblissait et rétrécissait progressivement, l'empire de Byzance survécut jusqu'en 1453.

Constantinople fut alors conquise par une armée turque et devint une
ville musulmane.

Avec la chute de l'Empire à l'ouest, l'Europe connut une longue
période de déclin. La culture disparut presque totalement, mais
le souvenir de Rome perdura. L'architecture, les coutumes et les
inventions romaines continuèrent à influencer les autres civilisations
durant des siècles. De nos jours, on apprend encore le latin, et de
nombreux pays fondent leurs régimes et leurs lois sur ce modèle
antique. La vie des empereurs a inspiré des écrivains et des artistes
à travers toute l'histoire. Les routes, les ponts et les aqueducs ont
influencé les bâtisseurs et les architectes du monde entier.
Des millions de gens affluent chaque année à
Rome pour visiter les temples magnifiques,
les monuments et les arcs encore sur pied.
Rome a jeté les fondations de notre
civilisation.

CHARLEMAGNE
Charlemagne, roi des
Francs, se proclama
seigneur d'Europe
occidentale et
centrale et fut
couronné saint
empereur romain
par le pape au
VIIIe siècle.

Références

Traces du passé

MÊME SI L'EMPIRE ROMAIN S'EST EFFONDRÉ il y a plus de mille cinq cents ans, son héritage est encore bien présent. La plupart des choses que nous savons sur la Rome antique proviennent des divers documents, bâtiments, pièces, œuvres d'art, restes humains et objets que nous ont laissés les Romains. Au fil des siècles, les archéologues ont découvert des milliers de sites à l'occasion de travaux de construction ou lors de prospections terrestres et aériennes ou d'études géophysiques (étude de la structure du sol). Ces éléments nous permettent de comprendre la politique, l'histoire et le quotidien de la Rome antique et nous aident à nous faire une idée de la manière dont vivaient ses habitants.

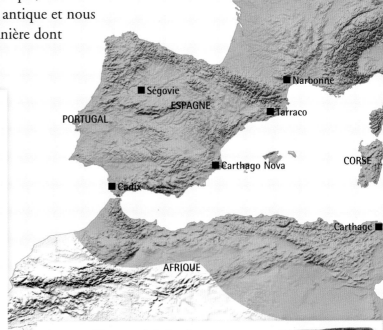

BRITANNIA

■ Londinium

GAULE

■ Narbonne

■ Ségovie
ESPAGNE

PORTUGAL

■ Tarraco

■ Carthago Nova

CORSE

■ Cadix

Carthage ■

AFRIQUE

Squelettes et dents

Les squelettes nous permettent d'en dire long sur la santé et le mode de vie des Romains. L'état des os et des dents donne souvent des détails sur le régime alimentaire et les causes de la mort, et la taille des os permet d'évaluer l'âge d'une personne à son décès. On a trouvé ce squelette à Herculanum, enterré en 79 sous une coulée de boue du Vésuve. Les experts ont découvert que de nombreux habitants étaient intoxiqués au plomb, peut-être à cause des casseroles et des tuyaux.

Trouvailles archéologiques

Les archéologues ont découvert des milliers d'objets romains jusqu'en Angleterre et en Égypte : casseroles et poêles, mais aussi bijoux et vases. Il est essentiel de bien archiver ces trouvailles en notant le lieu et la date de la découverte. On dessine ou on photographie aussi ces divers objets.

Moule à gâteau en bronze

Archives écrites

Il reste très peu de manuscrits originaux. Mais, grâce aux moines chrétiens, qui firent au Moyen Âge des copies des textes latins, nombreux sont ceux qui restent accessibles. Certains écrits ont survécu. Ce médaillon, par exemple, donne le nom du propriétaire du chien qui le portait. D'autres, comme les poèmes et les pièces de théâtre, les lettres et les archives nous fournissent de précieuses informations sur la vie à Rome. Les bâtiments et les statues sont également des sources utiles : on y trouve des notes au sujet de personnalités ou d'événements importants.

Écrivains et penseurs

Les Romains furent des écrivains prolifiques, traitant de sujets variés comme l'histoire, la politique, l'architecture et les mathématiques. Le plus ancien ouvrage en latin s'intitule *De Agri Cultura*, écrit par l'écrivain et homme politique Caton (ci-contre). C'est un traité d'agriculture.

Mosaïques

Les sols des bâtiments romains étaient souvent richement décorés de mosaïques. Elles sont très précieuses car elles nous fournissent beaucoup d'informations. Contrairement aux peintures romaines, elles peuvent résister des millénaires. Elles sont composées de petits cubes de pierre, de poterie, de marbre ou de verre. Ci-dessus, un archéologue restaure une mosaïque représentant des animaux sauvages.

Trouver des preuves

Lors de fouilles, les experts environnementaux étudient la structure du sol et prélèvent des échantillons de grains de pollen ou d'os humains ou animaux pour les dater au carbone 14, élément dont on connaît la vitesse de dégradation. On peut ainsi estimer l'âge des ossements en mesurant la quantité de carbone qu'ils contiennent.

Mer Noire

Constantinople

ASIE MINEURE

mpéi
Brindisi

Actium

Éphèse

Myra

CRÈTE

Mer Méditérranée

Cyrène

Alexandrie

ÉGYPTE

Étendue de l'Empire romain
au IIe siècle avant JC

Septime Sévère

Empereurs

LES GUERRES CIVILES QUI SUIVIRENT la mort de Jules César mirent fin à la République. Octave ramena la paix en 27 avant JC et fut proclamé premier empereur romain. Ci-dessous, vous trouverez une liste d'hommes qui se faisaient appeler empereurs de Rome. À certaines périodes, plusieurs hommes prétendirent en même temps à ce titre. On ne savait alors pas très bien qui gouvernait. Après que Dioclétien eut divisé l'Empire, en 284, il y eut un empereur à l'est et un autre à l'ouest.

68

Galba 68–69
Othon 69
Vitellius 69
Vespasien 69–79
Titus 79–81
Domitien 81–96
Nerva 96–98
Trajan 98–117

Domitien

117

Hadrien 117–138
Antonin Pie 138–161

161

Lucius Verus 161-169
Marc Aurèle 161-180
Commode 180-192
Pertinax 193
Didius Julianus 193
Septime Sévère 193-211
Pescennius Niger 193-194
Clodius Albinus 193-197

Marc Aurèle

286

Empire oriental

Maximien 286-305
Constantius Ier 305-306
Sévère 306-307
Maximinien 307-308
Maxentius 307-312
Constantin Ier 307-324

Empire occidental

Dioclétien 286-305
Galère 305-311
Maximin II 309-313
Licinius 308-324

324

Constantin Ier 324-337
(empereur unique)

Constantin Ier

337

Constantin II 337-340
Constans 337-350
Magnentius 350-353

Constantius II 337-361
(empereur unique après avoir vaincu Magnentius en 353)

361

Julien 361-363
Jovien 363-354

Auguste

31 avant JC

Auguste 31 avant JC-14 après JC

14

Tibère 14-37
Caligula 37-41
Claude 41-54
Néron 54-68

Caligula

211

Geta 211-212
Caracalla 211-217
Macrin 217-218
Élagabal 218-222
Sévère Alexandre 222-235
Maximin Ier 235-238
Gordian Ier 238
Gordian II 238
Pupienus 238
Balbinus 238
Gordian III 238-244
Philippe 244-249
Dèce 249-251
Gallus 251-253

253

Émilien 253
Valérien 253-260
Gallien 253-268
Claude II le Gothique 268-270
Quintillus 269-270
Aurélien 270-275
Tacite 275-276
Florian 276
Probus 276-282
Carus 282-283
Carinus 283-285
Numérien 283-284
Dioclétien 284-305

Chefs rebelles

Les empereurs trop faibles conduisirent à la création d'États rebelles. Le royaume de Palmyre à l'est et l'« empire gallique » de Britannia, de Gaule et d'Espagne furent finalement défaits par Aurélien.

Empereurs rebelles galliques
Postumus 262-269
Victorinus 269-271
Tetricus 271-274

État oriental de Palmyre
Zénobie 266-272 (en corégence avec son fils Vaballath)

LÉGENDES

Empire entier

Empire occidental

Empire oriental

364

Valentinien Ier 363-375
Gratien 375-383
Valentinien II 375-392
Magnus Maximus 383-388
Théodose Ier 388-392
Eugène 392-394

Valens 364-378
Procope 365-366
Théodose Ier 379-395

394

Théodose Ier 394-395

395

Honorius 395-423
Constantin III 407-411
Johannes 423-425
Valentinien III 425-455

Arcadius 395-408
Théodose II 408-450

455

Pétrone Maxime
Avitus 455-456
Majorien 457-461
Libius Severus 461-467
Anthemius 467-472
Olybrius 472
Glycerius 473-474
Julius Nepos 474-480
Romulus Augustule 475-476

Marcien 450-457
Léon Ier 457-474
Léon II 474
Zénon 474-491

Dieux et déesses

LES ROMAINS VÉNÉRAIENT des dizaines de dieux et de déesses, tous liés à un aspect spécifique de la vie ou de la mort. Certains dieux avaient été empruntés aux peuples conquis par les Romains, mais la plupart venaient des Grecs. Ci-dessous, vous trouverez une liste des principaux dieux romains, avec leurs homologues d'origine grecque, ou autre, entre parenthèses.

Esculape (Asclépios)
Dieu de la médecine. Il tenait un bâton sur lequel s'enroulait un serpent. De nombreux malades se rendaient à son temple pour le prier en espérant guérir.

Apollon (Apollon)
Patron des arts et dieu du soleil, de la médecine et des prophéties. C'était le frère jumeau de Diane, déesse de la lune et de la chasse.

Bacchus (Dionysos)
Dieu du vin, du printemps et de la fertilité, Bacchus menait une vie de plaisirs. Une bande de joyeux convives l'accompagnait. On le représente souvent avec des feuilles de vigne dans les cheveux.

Cérès (Déméter)
Déesse des cultures et des moissons. Elle délaissa ses tâches pour chercher sa fille Proserpine, enlevée par Dis, dieu des morts.

Cupidon (Éros)
Dieu de l'amour. Tous ceux qu'il touchait de ses flèches tombaient amoureux.

Diane (Artémis)
Déesse de la lune et de la chasse. Ses flèches semaient la peste et la mort, mais ses talents de guérisseuse protégeaient les parturientes.

Dis (Pluton)
Dieu des enfers. On le craignait beaucoup. Il voyageait sur un char noir et gardait jalousement les morts.

Hercule (Héraclès)
Dieu de la victoire et des affaires. Il accomplit avec succès douze travaux réputés impossibles.

Janus (dieu romain)
Dieu des passages et des ponts. Il avait deux visages, l'un devant, l'autre derrière.

Junon (Héra)
Déesse des femmes et du mariage. C'était la reine des dieux.

Jupiter (Zeus)
Seigneur des cieux et du temps, c'était le roi des dieux. Il épousa sa sœur Junon, mais lui fut à jamais infidèle.

Mars (Arès)
Dieu de la guerre et père de Romulus et Remus, fondateurs de Rome. On dit qu'il était de tempérament violent.

Mercure (Hermès)
Messager plaisantin des dieux, dieu du commerce, des mers et des voyageurs. Il portait des sandales et un casque ailé.

Minerve (Athéna)
Déesse de la sagesse, de l'artisanat et de la guerre. On la représente généralement vêtue d'une armure. Ses symboles étaient la chouette et l'olivier.

Mithras (dieu perse)
Dieu du soleil. Seuls les hommes le vénéraient, notamment les soldats romains.

Neptune (Poséidon)
Dieu des océans et des tremblements de terre, il voyageait sur un char blanc et vivait dans un palais sous-marin. On le voit souvent muni d'un trident.

Proserpine (Perséphone)
Déesse des enfers, enlevée par Dis pour devenir son épouse.

Saturne (Chronos)
Dieu du temps et de l'agriculture. Son arme était la faucille. On dit qu'il était lugubre et sévère.

Uranus (Ouranos)
Dieu du ciel et créateur de toutes choses. Il était marié à la Terre.

Vénus

Vénus (Aphrodite)
Déesse de l'amour et de la beauté, c'était la fille de Jupiter. On dit qu'elle était née de l'écume de la mer. C'était la patronne de Jules César.

Vesta (Hestia)
Brillante, bonne et pure, c'était la déesse du foyer. Tous les Romains avaient chez eux un autel qui lui était dédié.

Vulcain (Héphaïstos)
Dieu des forgerons, des volcans et du feu. On dit qu'il était boiteux.

Neptune

Minerve

Personnages célèbres

LES ROMAINS NOUS ONT LAISSÉ UN RICHE héritage littéraire, historique, politique, architectural et législatif. Nous lisons encore les travaux de leurs historiens, des chefs politiques, des écrivains et des poètes. Nous visitons encore leurs bâtiments. Ci-dessous, vous trouverez quelques-uns des plus importants personnages qui contribuèrent à façonner et à préserver le monde romain.

Virgile

Boudicca
(morte en 60) Reine de la tribu des Icènes, en Britannia, elle mena une révolte contre les Romains en 60. Lorsque la rébellion fut réprimée, elle se suicida en avalant du poison.

Catulle
(v. 84-54 avant JC) Poète. Il fut l'un des premiers Romains à adopter la forme et le style des poètes grecs.

Cléopâtre
(69-30 avant JC) Elle devint reine d'Égypte en 51 avant JC et fut un chef avisé, réputée pour sa beauté, son intelligence et son charme. Elle fut la maîtresse de Jules César et de Marc Antoine.

Horace
(65-8 avant JC) Poète et clerc d'État. *Les Odes* est son œuvre la plus fameuse. Ce sont de courts poèmes sur le vin, la nourriture et la nature.

Juvénal
(v. 60-136 avant JC) Poète qui attaqua sévèrement la vie romaine dans ses poèmes intitulés *Satires*. On pense que c'est pour cela qu'il fut banni de Rome.

Tite-Live
(59 avant JC-17) Historien qui fut le tuteur de Claude, futur empereur. Sa vaste histoire de Rome intitulée *Ab Urbe Condita* comportait 142 livres, dont seuls 36 nous sont parvenus.

Martial
(40-104) Né en Espagne, ce poète inventa l'épigramme, un poème qui se termine sur un trait d'esprit. Il décrivait la vie romaine.

Plaute
(254-184 avant JC) Dramaturge qui s'inspira des comédies grecques, mais ses pièces traitent de la vie romaine. Il influença d'autres auteurs, dont Shakespeare, qui se servit de ses intrigues.

Pline le Jeune
(environ 61-112) Écrivain et homme de loi qui échangea des lettres avec l'historien Tacite et l'empereur Trajan, entre autres. Il fut témoin de l'éruption du Vésuve en 79.

Sénèque
(v. 4-65) Philosophe, poète et homme de loi, il fut le tuteur et le conseiller de Néron. En 65, il fut accusé de conspiration et se suicida.

Suétone
(v. 70-130) Historien qui écrivit *Les Vies des douze Césars*, une histoire des dirigeants romains de César à Domitien.

Tacite
(v. 70-130) Historien dont les travaux comprennent les *Histoires*, qui traitent de l'Empire de 69 à 96, et les *Annales*, qui relatent la vie des empereurs, de Tibère à Néron.

Térence
(v. 195-159) Poète et ancien esclave, il écrivit six pièces adaptées de comédies grecques.

Virgile
(70-19 avant JC) Poète dont l'œuvre la plus fameuse est l'*Énéide*, récit de l'histoire de Rome en douze volumes.

Vitruvitus
(né v. 70 avant JC) Architecte et ingénieur, il écrivit un guide de l'architecture et de la construction en dix volumes : *De Architectura*. Il fournissait des informations sur la construction des différents types de bâtiments et l'urbanisme.

Boudicca

Bâtiments

MAÇONS ET INGÉNIEURS construisirent des milliers de monuments, temples, ponts, théâtres et aqueducs à travers tout le monde romain. Même si leur architecture était largement inspirée des Grecs, les Romains développèrent leurs propres styles et techniques. Ils inventèrent le béton, un matériau nouveau, à la fois solide, léger et facile d'emploi. Ils étaient si talentueux qu'on peut encore voir beaucoup de leurs œuvres aujourd'hui.

Arches

Les Romains s'inspirèrent des arches des Étrusques. Ils utilisaient une armature en bois qu'ils retiraient une fois toutes les pierres posées. On retrouve ces arches dans les théâtres, les amphithéâtres, les ponts, les aqueducs et les viaducs qui traversent fleuves et vallées. Leur structure leur permettait de supporter de lourdes charges sur de longues distances.

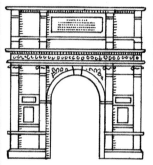

Arcs de triomphe
Ils servaient à célébrer les victoires militaires. Ces monuments publics étaient recouverts de marbre et ornés de scènes de batailles et autres événements historiques sculptés dans la pierre.

Théâtres
Les gradins de nombreux théâtres étaient soutenus par des arches. Les Grecs construisaient les leurs sur des pentes naturelles.

Amphithéâtres
Les arches superposées soutenaient les gradins qui encerclaient toute l'arène.

Ponts
Ces ponts pouvaient enjamber fleuves et vallées. À chaque extrémité, les collines servaient de points d'appui.

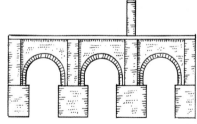

Aqueducs
Les aqueducs romains acheminaient l'eau des sources de montagne jusqu'aux villes. Ils étaient composés d'une série d'arches superposées.

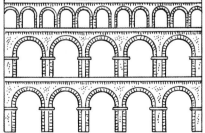

Colonnes

Les Romains utilisaient cinq types de colonnes. Les colonnes doriques sont épaisses et cannelées, aux chapiteaux nus. Les colonnes ioniennes, plus fines et plus élégantes, ont des chapiteaux ornés de deux volutes. Les chapiteaux corinthiens sont souvent décorés de feuilles d'acanthe. Les chapiteaux toscans et doriques se ressemblent, mais les premiers ont des colonnes lisses. Les colonnes composites ont des chapiteaux à quatre volutes.

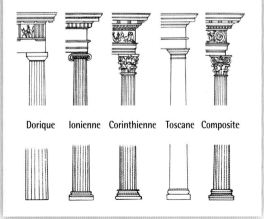

Dorique   Ionienne   Corinthienne   Toscane   Composite

Dômes

Les Romains inventèrent le dôme lorsqu'ils disposèrent plusieurs arches pour former un cercle et découvrirent une forme tridimensionnelle très résistante. Ce sont des bâtiments incurvés, dépourvus d'angles ou de coins, qui recouvrent une grande zone sans colonne de soutènement. Les premiers dômes étaient en pierre. Mais l'invention du béton, au IIe siècle avant JC, permit aux architectes de construire les premiers bâtiments à toit incurvé. On fabriquait ce matériau en mélangeant des gravats avec un mortier gluant fait de chaux, de pouzzolane (cendre volcanique) et d'eau.

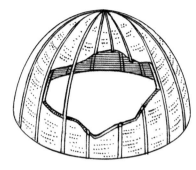

Construction d'un dôme
On forme un dôme en superposant une série d'arches, comme ci-contre. On remplissait les espaces intercalaires avec du bois, de la brique, de la pierre ou du béton, avant de les recouvrir de marbre.

Panthéon
Le Panthéon de Rome est le dôme le plus impressionnant. On put le construire grâce à l'invention du béton. Les panneaux sont creux afin d'en réduire le poids. Il y avait un trou au sommet, l'*oculus*, pour laisser entrer la lumière.

Voûtes

On utilisait des arches arrondies pour construire des voûtes, plafonds hauts et incurvés. Sans béton, il aurait été difficile d'y parvenir. Les Romains alignaient une série d'arches côte à côte de façon à former un tunnel.

Ils apprirent peu à peu à construire un plafond à partir du croisement de plusieurs voûtes soutenues par des piliers. Ils purent dès lors bâtir des pièces bien plus larges dans les bains publics et les basiliques.

Voûte en berceau
À l'origine, les Romains utilisaient cette forme en tunnel.

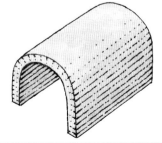

Voûtes croisées
On croisait deux voûtes en berceau à angle droit pour former une voûte croisée.

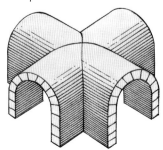

Glossaire

Les mots en *italiques* ont leur propre entrée dans le glossaire.

A

Amphithéâtre Théâtre doté d'une *arène* centrale.

Amphore Récipient au col étroit, doté de deux anses, servant au transport et au stockage de l'huile, du vin ou de la sauce de poisson.

Aqueduc Canal souterrain ou aérien, construit pour acheminer l'eau dans les villes.

Arène Zone centrale d'un *amphithéâtre* ou d'un stade.

Atrium Pièce centrale d'une maison sur laquelle donnaient la plupart des autres pièces.

Auxiliaire Soldat de l'armée romaine qui n'était pas *citoyen* romain.

B

Barbare Nom que donnaient les Romains à ceux qui vivaient hors de l'*Empire*.

Basilique Grand bâtiment public, généralement situé dans le *forum*, qui abritait des cours de justice, des bureaux et des boutiques.

C

Censeur Magistrat élu pour recenser tous les *citoyens* romains et examiner les candidatures au *Sénat*. On choisissait deux censeurs tous les cinq ans.

Centurie Compagnie menée par un centurion et comportant 80 hommes.

Cirque Grande piste où se tenaient les courses de chars.

Citoyen Statut accordé aux hommes libres (d'abord résidents d'Italie, puis *provinciaux*), qui leur conférait des privilèges, comme le droit de vote.

Cohorte Unité de l'armée romaine qui comptait six *centuries*.

Consul L'un des deux élus qui occupait la plus haute charge du gouvernement romain.

Contubernium Plus petite unité militaire, soit huit soldats.

D

Dictateur Fonctionnaire qui se voyait attribuer le pouvoir absolu par le *Sénat* en temps de crise. Il était censé ne régner que six mois.

Domus Maison de famille particulière.

E

Édile L'un des quatre magistrats responsables des bâtiments, des marchés et des jeux.

Empereur Chef suprême de tous les territoires romains.

Empire Période de l'histoire romaine (de 27 avant JC environ à 476) durant laquelle Rome fut gouvernée par des *empereurs*. L'Empire couvre tous les territoires dirigés par Rome.

Equites Classe sociale riche descendant de la première cavalerie romaine.

Esclave Individu dépourvu de droits qu'un autre possédait et employait à diverses tâches.

F

Forum Zone ouverte au centre de la ville romaine. Elle servait de place du marché et de centre d'affaires.

Affranchi Ancien *esclave* libéré par son maître.

G

Gladiateur Combattant spécialement entraîné qui doit son nom à sa principale arme, le *gladius*. Il combattait dans l'*arène*.

Gouverneur Représentant de l'État qui gouvernait une *province* romaine.

H

Hypocauste Système de chauffage central. L'air chauffé par un feu circulait à travers des cavités creusées dans le sol et les murs.

I

Insula Grand ensemble d'appartements, pour la plupart loués.

L

Lararium Autel que l'on trouvait dans chaque maison, dédié à l'adoration des dieux du foyer.

Lares Esprits protecteurs de la maison romaine.

Légat Commandant d'une *légion*.

Légion Principale division de l'armée romaine qui comportait dix *cohortes*.

Légionnaire *Citoyen* romain qui servait dans l'armée.

Ludi Terme servant à décrire les divertissements comme les jeux, les spectacles sportifs ou le théâtre.

Lyre Instrument ressemblant à une harpe.

M

Mosaïque Motif ou dessin réalisé avec des petits morceaux de pierre, de verre ou de carrelage, générale-ment cimentés au sol ou au mur.

O

Orateur Homme doué pour les discours publics.

P

Palla Châle porté par les Romaines.

Papyrus Roseau aquatique d'Égypte que l'on comprimait pour en faire du papier destiné aux documents importants.

Plébéien *Citoyen* romain, membre de la classe des travailleurs ordinaires.

Prêteur Juge de haut rang. On élisait huit prêteurs par an.

Garde prétorienne Division d'élite de soldats très bien payés fondée par Auguste. Elle protégeait l'*empereur* et sa famille.

Procurateur Magistrat responsable des finances d'une *province*.

Province

Province Région de l'*Empire* hors de l'Italie, contrôlée par un *gouverneur* romain.

Provincial Personne qui vivait dans l'une des *provinces* gouvernées par les Romains, mais en dehors d'Italie.

Pugio Poignard dont se servaient les soldats romains.

Q

Quêteur Magistrat responsable des finances de l'État.

R

Bas-relief Scène sculptée ou moulée qui ressort sur fond de pierre.

République État dont les dirigeants sont élus par le peuple. Rome fut une république de 509 environ à 27 avant JC.

S

Sénat Assemblée d'hommes politiques âgés qui se réunissaient pour décider des affaires de l'État, comme les questions militaires, par exemple.

Sénateur Membre du *Sénat*.

Stola Principal vêtement porté par les femmes.

T

Toge Vêtement fait d'un demi-cercle de tissu dont on se drapait pour les grandes occasions.

Tribun (du peuple) Représentant de l'État élu par les *plébéiens* pour protéger leurs intérêts.

Triomphe Parade victorieuse.

V

Villa Maison de campagne des familles riches, située souvent sur des terres agricoles.

Remerciements

L'éditeur souhaite remercier les personnes et institutions suivantes pour l'avoir autorisé à reproduire leurs photographies.
(h=haut, b=bas, d=droit, g=gauche, c=centre)

2 De Agostini Editore; 4-5 Getty Images/Robert Harding World Imagery; 6 Corbis/Archivo Iconografico, S.A. (g); DK Images/Capitoline Musem, Rome (d); 7 Corbis/Michelle Garrett (d); 8 DK Images/Capitoline Museum, Rome (b); 9 The Art Archive/Dagli Orti (h); 10-11 akg-images/Peter Connolly (b); 11 Corbis/Archivo Iconografico, S.A. (bd); 12 Corbis/Araldo de Luca (h); 12-13 Ancient Art & Architecture Collection/Prisma (b); 14 DK Images/British Museum (b); Photo Scala, Florence/Museo Gregoriano Profano, Vatican (h); 15 Corbis/Michelle Garrett (b); 16 Corbis/Araldo de Luca (b); 17 www.bridgeman.co.uk/Musee de Tesse, Le Mans, France (b); 18 The Art Archive/Musee du Louvre, Paris/Dagli Orti; 20 Charlie Best (b); Corbis/Archivo Iconografico, S.A. (h); 21 Charlie Best; 22 Photo Scala, Florence/Museo Nazionale, Naples, Italy (h); 23 Photo Scala, Florence/Museo di Villa Giulia, Rome, Italy (h); 24 akg-images/Peter Connolly (h); DK Images/British Museum (c); 25 The Art Archive/Museum of Carthage/Dagli Orti (h); 27 The Art Archive/Museo Capitolino/Dagli Orti (h); 28 Ancient Art & Architecture Collection (c); 29 Corbis/Roger Wood (h); 30 Corbis/Ted Spiegel (g); 32 Corbis/Phil Schermeister (h); 33 Charlie Best (bd); 34 The Art Archive/Museo della Civita Romana, Rome (h); 35 DK Images/Simon James; 36 Charlie Best (b); 36-37 Getty Images/The Image Bank/Alan R.Moller; 37 The Art Archive/Galleria Borghese, Rome (d); 38 DK Images/British Museum (b); The Art Archive/Antiquarium Castellama, Italy/Dagli Orti (b); 39 DK Images/British Museum (hg, hc); 40 www.bridgeman.co.uk/Musee Crozatier, Le Puy en Velay, France; 42 Charlie Best (bd); www.bridgeman.co.uk/Musee d'Orsay, Paris (hc); Luisa Ricciarini Photoagency, Milan (g); 43 Corbis/Archivo Iconografico, S.A; 44 The Art Archive/Jan Vinchon Numismatist, Paris/Dagli Orti (hd); Topfoto.co.uk (b); 44-45 Corbis/Randy Faris; 45 Charlie Best (bg, h); 46-47 Charlie Best (b); 48 akg-images/Peter Connolly (h); Charlie Best (b); 49 De Agostini Editore (bg); 50 Charlie Best (c); 51 Corbis/North Carolina Museum of Art (h); Getty Images/Taxi/Von Salomon (c); Topfoto.co.uk/The British Museum/HIP (b); 52 akg-images/Vatican Museums (g); 53 Alamy Images/MedioImages (g); 54-55 Charlie Best (b); 55 De Agostini Editore (cd); 56 The Art Archive/Dagli Orti (A) (c); 58 Luisa Ricciarini Photoagency, Milan (h); 58-

59 Alamy Images/MedioImages; 59 The Art Archive/Musee du Louvre, Paris (bd); 61 akg-images/Erich Lessing (hd); 62 Charlie Best (g); www.vroma.org (hd); 63 Charlie Best; 64 De Agostini Editore (hg); 65 Charlie Best (b); 66 De Agostini Editore; 67 Corbis/Sygma/Pizzoli Alberto (b); The Art Archive/Museo della Civita Romana, Rome/Dagli Orti (h); 68 Corbis/Roger Ressmeyer; De Agostini Editore (d); 71 Corbis/Dave Bartruff (b), Nathan Benn (h); 72 Corbis/Wolfgang Kaehler (h); 72-73 De Agostini Editore (b); 74 Corbis (g); 74-75 Charlie Best (b); 76 Corbis/Mimmo Jodice (b); 77 Corbis/Mimmo Jodice (b); 78 The Art Archive/Dagli Orti (h) ; 78-79 Photo Scala, Florence/Museo della Civita Romana, Rome (b); 79 Photo Scala, Florence/Musei Capitolini, Rome (h); 80-81 Corbis/Vanni Archive; 82 Luisa Ricciarini Photoagency, Milan; 83 Corbis/Archivo Iconografico, S.A. (hg); 84-85 Corbis/Vanni Archive; 86-87 Corbis/Adam Woolfitt (b); 89 De Agostini Editore (bg); 90 Corbis/Sandro Vannini (g); 90-91 Charlie Best (b); 92 www.bridgeman.co.uk/Private Collection/Bonhams, London (g); 95 DK Images/British Museum (b); Luisa Ricciarini Photoagency, Milan (h); 96 Charlie Best (bg); DK Images/British Museum (hd); 97 DK Images/British Museum (hd, bd); 98 Charlie Best (hd); 98-99 Réunion Des Musées Nationaux Agence Photographique/Le Louvre (b); 99 DK Images/British Museum (b); 100 Luisa Ricciarini Photoagency, Milan (h); 100-101 Charlie Best (bc); 101 Charlie Best (d); 102 Corbis/Roger Wood (b); DK Images/British Museum (h); 103 Ancient Art & Architecture Collection (b); 104 DK Images/British Museum (h); 105 www.bridgeman.co.uk/Alinari (h); DK Images/British Museum (cd); 106 Corbis/Gian Berto Vanni; 107 Charlie Best (b); DK Images/Lin Esposito (cd); 109 Corbis/Araldo de Luca (b); Index, Firenze/Alberti (h); 110 The British Museum (bd); 112 Ancient Art & Architecture Collection (b); 113 Museum Of London (b); 114 DK Images/National Maritime Museum (h); 116 DK Images/British Museum (b); 117 Charlie Best (h); The British Museum (b); 119 The Art Archive/Dagli Orti (g); 120 Corbis/Araldo de Luca (bg); 121 Corbis/Francesco Venturi (bg); 123 DK Images/British Museum (b); 124 www.bridgeman.co.uk/Staatliche Museum, Berlin (hg); 125 Corbis/Araldo de Luca (b); 126-127 De Agostini Editore (b); 127 De Agostini Editore (hd); 128 Ancient Art & Architecture Collection/Prisma (b); The Art Archive/Dagli Orti (h); 129 Ancient Art & Architecture Collection (h); 130 Ancient Art & Architecture Collection (h); 132

Corbis/Carol Havens; 134 Corbis/Jonathan Blair (bg); 135 Corbis/Ricki Rosen (cd); The Art Archive/Archaeological Museum, Rabat/Dagli Orti (hd); Museum of London Archaeology Service (bd); 136 De Agostini Editore (cd); 136-137 Index, Firenze/Alberti; 137 De Agostini Editore (hd); 139 Corbis/Roger Halls/Cordaly Photo Library Ltd (b), Roger Wood (h); 140-141 Getty Images/National Geographic.

All other images © Dorling Kindersley. For further information see: www.dkimages.com

Dorling Kindersley souhaite remercier Ben Hoare pour l'assistance éditoriale.